料金受取人払

大森局承認

913

差出有効期間
平成20年5月
31日まで
—切手不要—

郵便はがき

143-8790

(受取人)
東京都大田区大森北1-23-8
第3下川ビル

日外アソシエーツ(株)
営業本部 行

ご購入区分:個人用　会社・団体用　受贈　その他(　　　　　)		
(フリガナ) お名前	生年月日 M T S　年　月　日(　　才)	性別 男・女
勤務先	部署名・役職	
ご住所(〒　　—　　　) TEL.　　FAX.　　□勤務先　□自宅		
電子メールアドレス		
ご利用のパソコン　(OS)		

ご購入年月日	ご購入店名(書店・電器店)
年　月　日	市区 町村

読者・ユーザカード

このたびは小社の出版物をお買い上げいただき、誠にありがとうございました。このカードは、(1)ユーザサポート(2)アンケート集計(3)小社案内送付(ご希望の場合のみ)を目的とし、あくまでも任意でご記入いただくものです。いただいた個人情報は決して他の目的には使用せず、厳重な管理の下に保管いたしますので、よろしくお願い申し上げます。

ビジネス技術　わざの伝承
—ものづくりからマーケティングまで

●この出版物を何でお知りになりましたか？

1. 広告を見て（新聞・雑誌名　　　　　　　　　　　　　　）
2. 書評・紹介記事を見て（新聞・雑誌名　　　　　　　　　　）
3. 書店の店頭で　4. ダイレクト・メール　5. ニューズレター
6. インターネット　7. 見計い
8. その他（　　　　　　　　　　　　　　　　　　　　　　）

●この出版物についてのご意見・ご感想をお書き下さい。

●主にどんな分野・テーマの出版物を希望されますか？

●小社カタログ(無料)の送付を希望される方は、チェック印をお付け下さい。

□書籍　□CD-ROM・電子ブック　□インターネット

ビジネス技術

わざの伝承

ものづくりからマーケティングまで

柴田亮介
SHIBATA ryosuke

日外選書
Fontana

装丁：山中 章寛（ジェイアイ）
題字：福隅 祥子（ジェイアイ）

序にかえて

内弟子制度がほとんど見られないなかで、大相撲は徹底して部屋別内弟子制を守ってきています。外人といえども、部屋ごとに精神と肉体の両面を厳しく指導し、日本人でも難しいといわれる関取に昇進させています。囲碁界でも内弟子制の中から十代の若い弟子が次々とプロ入りし話題になっていると、最近の新聞が伝えています。相撲部屋の稽古や碁の内弟子制には、人を育てる「何か」がありそうです。プロのわざはどのように伝授されるのでしょうか。わざは、表現することが難しい暗黙知です。

この本には、仕事の暗黙知、伝統芸能、メソドロジー、どの一つを取っても難しいテーマが並んでいます。通常、仕事で一人前になるということは、状況判断、問題設定、解決目標をイメージすることなど、表現しにくい仕事の〈わざ〉、暗黙知を体得して初めて認められることです。日本の伝統芸能では、芸の暗黙知である〈わざ〉を伝承するために〈型〉を重視してきました。現在、ものづくりの世界では型に相当するものが多々見受けられますが、マーケティングなど企画設計分野にはほとんどありません。したがって、企画設計のわざ、暗黙知を次世代に伝承することが極めて難しくなっています。

私は、仕事、とりわけ企画設計の暗黙知である〈わざ〉を、次世代へどのように伝えるかを考えてきました。なかなかヒントを得られないもがきのなかで、電通の先輩である故長谷川芳郎氏（元電通マーケティング局次長、PR局長を歴任し東京ディズニーランドを誘致した）と園田榮治氏（第一章対談参照）、お二人が書きとめたメモを見る機会がありました。そこには、日本の伝統芸能が数百年にわたってそのわざを伝承していることに注目し、企画設計の技術移転に参考になるのではないか、と記されていたのです。私は、このメモから大きな刺激を受けて、企画設計の考え方と方法論を体系化したもの、すなわちメソドロジーが企画設計の〈型〉としてふさわしい、と思うに至りました。今後、さまざまな企画分野でメソドロジーに関する検討が論議され、開発試行されることを期待します。

また、OMソーラー協会、ならびに「富山のくすり」を、マーケティングリサーチ　プランニング　メソドロジーの適用例として紹介させていただきました。関係者の方々の今後の発展を祈念します。

二〇〇七年三月

柴田亮介

序にかえて　7

目　次

第1章　対談——響きあう伝統芸能とマーケティング　園田榮治、柴田亮介

第2章　まなぶ、まねぶ——伝統芸能にみる知恵

電通の人材育成　57
仕事とマニュアル　61
形式知と暗黙知　68
伝統芸能に弟子教育を学ぶ　71
狂言の弟子養成　73
噺（はなし）家の弟子養成　75
伝統芸能に学ぶ教育、訓練　78
不易流行と守破離　80
「わざ」の口伝　82

『風姿花伝』は、暗黙知伝承 虎の巻 84
風姿花伝の構成と概要 86
演出とプレゼンテーション 90
芸能と技術 99

第3章 まなぶ、きわめる——ものづくりからマーケティングまで

電通のＤＮＡ 107
ものづくり業の場合 109
不二越の技術伝承は、早めにやってきた 113
三菱重工・高砂製作所と技能五輪 116
松下「ものづくり大学校」 118
シャープのモノづくり塾 119
マーケティングプランニングの場合 125
マーケティングとは 127
ＳＥＥ-ＰＬＡＮ-ＤＯ 130
ＳＴＥＰ１ 売り場に行く 134

STEP2　既存情報の収集——新聞雑誌記事と広告　137
STEP3　調査（マーケティングリサーチ）　139
STEP0（ゼロ）　普段の情報収集と思考　142
マーケティングの何を伝え残すのか　145
技術とは、やり方——技術移転・伝承という視点からみる　150

第4章　まなぶ、のこす——メソドロジーの開発

技術を他者に伝える　157
企画設計メソドロジーの必要　161
問題設定と解決方向を探る（構想計画）　169
問題の設定　170
問題解決目標の設定　173
問題解決のために具体的計画をたてる（課題計画）　174
マーケティングリサーチプランニング（Mrp）メソドロジー適用例　178
OMソーラーシステム住宅のマーケティング問題解決への適用例　181
メソドロジー開発は二十一世紀の重要テーマ　188

第5章　企画・設計メソドロジーの具体例
電通ＭＡＰシステム　193
システム開発方法論　ＰＲＩＤＥ-ＩＳＥＭ　204
二つのメソドロジー事例の共通点を探る　210
マーケティングプランニング　メソドロジー（Ｍｒｐ）適用例
「富山のくすり」の活性化　215
跋　企画設計メソドロジーのこと　松平和也　235
参考図書　243
あとがき　247

第*1*章　対談——響きあう伝統芸能とマーケティング

園田榮治
柴田亮介

伝統芸能とマーケティングのコラボレーション

柴田　私は、いま、企画や計画のノウハウをどのようにしたら後輩に伝えることができるのか、というテーマに取り組んでいます。電通での企画作業はその内容は毎回異なり、自信のもてる提案づくりに苦労しました。その結果、自分なりに企画提案のコツを体得したのではないかと思っています。しかし、このコツを後輩に伝えることができずに定年を迎えてしまいました。むしろ、伝える方法を知らなかった、といわざるを得ません。

以前、園田さんから「伝統芸能は何百年もの間優れた芸を脈々と伝えてきた」という話を聞いておりました。伝統芸能の名人はノウハウをどうやって次世代に伝えてきたのか、あるいはひろく我が国の伝統文化のなかで暗黙知をどのように伝承してきたのか、本日は対談を通してこの秘密に迫ってみたいと思います。そして、これをものづくりからマーケティングまでの広範囲に応用させてみたい、広く取り入れてみたい、と考えています。本日は、伝統芸能に造詣が深く、とくに歌舞伎世界に通暁している園田さんにおいでいただき、お話を伺いたいと思います。よろしくお願いいたします。

園田　最初に、逆の話をちょっと申し上げようと思うんです。というのはついこの間、あるところから、金比羅歌舞伎と地域開発をもう一度しっかり検討したいという話がありました。実は金比羅歌舞伎は現地ではお荷物と言われているようなところもあるらしいのです。というのは、開催すれば人は来るけれども、開催するためにはかなりの苦労と金が掛かる。若手のＪＣ（青年会議所）の皆さんとか商工会の方達がボランタリーでやらないと、立ちゆかないということもあるらしい。だから、これまでの考え方、やり方を見直してみなければならない。人がたくさん来るのだから、うまいやり方があると思う。この問題を解決するために、マーケティングの考え方と手法を学んだほうがいいのではないか、ということですね。

古典芸能の世界とは、お能、日本舞踊、邦楽関係、そういう日本古来の文化芸能ですね。そういうものは、優れた芸を伝承するために徒弟制度的な要素があります。噺家もそうですけれども、内弟子に入って何の稽古もしてもらえなくて十年我慢すると、自然に体の中に入っていく、覚えていく。そういうことを尊重しています。その修練がまたものすごくいいことになっているんです。

一方、マーケティングというのは我々の時代から今は少し変化していますけれども、販売の促進が原点にあるわけです。販売促進というのはインナーとアウターと両面あるけれども、アウターであるお客さんに販売すると同時に、それに関わっているインナーの人達にも販売への動機付けをしながら販売を促進する。企業内の部門や協力会社などを含むインナーその人たちも、マーケティングの手法の中でやっている。だから、これまでマーケティングと縁遠かった古典芸能、地場産業や老舗旅館などに、むしろ新しいマーケティングの話を少ししてみたらどうかと思っているところです。

そこで一つお話ししたいのは、能登の老舗旅館の話です。この旅館・加賀屋さんは、日本の旅館、ホテルのサービス水準の第一位を二十一年間ずっと続けているところです。会長さんのリーダーシップでお客をもてなしてきたけれども、「うちはこれでいいのか」ということを、今、真剣に考えていらっしゃる。日本旅館での和のサービスですね。年間八〇％の回転率で百三十億ぐらい売り上げているという大変な旅館なんです。グループを入れて年間に三十三万人かな。そこが本当に危機感を持っていらっしゃる。

一方、これもよく考えてみると、これから団塊の世代が全部外に出て行く。外っていうか、暇になる。小金はもってる。しかし、旅館は高い。これから三、四年間の間に男女合わせて七百万人ぐらいの人がリタイアするわけですね。その中の例えば五％がお客になる可能性があるとすると、なんと三十五万人ぐらいはいるだろう。

実を言うと私はまだ行ったことがないのですけれども、能登の和倉は熱海とまったく同じで、旅館の集合体・コンプレックスというかそれがドーンとあって、街並みがまったくだめになっているらしい。その原因というのは、熱海がそうなのですが、大資本が入って、ワンストップモーションという、自分のところへお客を囲い込んで一歩も外へ出さない、また出なくとも楽しめる。そのために街はさびれる一方。そんな寂しいところへ人は行くだろうか、ということですね。

柴田　県庁所在地である都市の商店街でもシャッター通りといわれるところがあって、本当に寂しいですね。けっして人は近づかない。だから、その周辺からどんどん人がいなくなってしまっています。

園田　街は寂れるけれど、逆に自分のエリア、そのコンプレックスの中にショーをやるための劇場ももっていれば、土産品の店なりカラオケの店、クラブとかも中に全部もっているわけです。それでもやっぱりこれからは難しくなるでしょう。街も寂れるし老舗旅館も次第にその影響を受ける、と私は思うんです。そこで、マーケティングのセオリーそのものの原点にもう一回戻って、マーチャンダイジングのところから考えないとだめなんじゃないかなと、漠然と今そう思っています。

申し上げたかったのは、そういう和のサービスというものは、本当の意味でアメリカから来たマーケティング概念と合体をしなければならない時代に、今なっているなということです。不幸せなことに和のほうは、マーケティングのほうを見ていないんです。この本の狙いは、マーケティング側から和のほうを垣間見ようとしている。このコラボレーションがおもしろい視点ではないか、と思います。

企画ノウハウを次世代に伝えることが出来なかった

柴田　マーケティングは、様々な問題の解決に本当に必要な考え方、アプローチ、やり方であって、今の旅館の話も、それから伝統の話にも、マーケティングは大いに参考になるべき点はあるな、と思います。現在のように観客、顧客の動きや嗜好変化が激しいと、蓄積されたマーケティングノウ

ハウを活用して、芸能興行や旅行旅館サービスについて背景にあるものを含め全体からマーケティングの視点で見直すことが必要です。

　でも逆にこちらのスタンスは、僕らがやってきた企画、計画にも培った手練手管というものがありまして、伝統芸能の伝承から大いに学ぶことがありそうだ、と思っています。伝統芸能とか、和のサービスは、何百年という年月を経てもその真髄は継承されて今日に至っている。芸能の奥深いところ、和のサービスの秘伝は、暗黙知といえるでしょうね。マーケティングのノウハウを次世代にしっかり伝えたいと願っている私は、伝統芸能がどのようにこの暗黙知を次世代に伝え発展させてきたか、に大変興味をそそられます。マーケティングはまだ、日本に導入されて五十年程度の歴史しかありません。当初は、マーケティングの具体的な方法、たとえば販売促進策を提案するだけで新しいと注目されたものです。しかし、昨今のマーケティング問題は、複雑で多様化しているので、どのような視点で問題に取り組むか、が重要になっています。問題は、「問題をどのように捉えるか」です。マーケティングは、やっとこうした経験を少しずつ蓄積することができるようになりました。そのノウハウを次世代に引き継いで会社を辞めたかったんです。

　「おれの考え方、やり方をおまえにみんな譲るよね」というようなことができないというか、しないできてしまった。本当に残念です。ところがものづくりの世界では、現在、それがきちっと行われつつある。ものづくり塾というのを組織化して伝承に余念がない。なぜかと言うと、それが生き残りのための命綱になってるんですよね。その技術が受け継がれない限り、その市場から「落っこち」になってしまう。むしろ受け継いだだけじゃなくて発展させなきゃいけない。いま例の団塊の世代が定年退職するので、それに備えて各メーカーは十分な準備をしている。定年が五十五歳の企業は、もう五年も前からそういう波を感じて、準備している。

その割に何かソフト系というか、銀行しかり、シンクタンクしかり、広告会社しかり、あまり聞かないんですね。団塊の世代が定年を迎えてこのような対策を打っているというのは、あまり聞いてません。本当にソフト系企画は大丈夫かな、と思います。

園田　それは例えば、広告屋のマーケティングというか、広告の世界はやるたびに新しくないとだめでしょう。だから二匹目のドジョウを探すタイプの人もいるんだけれども、いつも別のドジョウを探していくわけだからなかなか方法論ができてこない。常にクリエイティブで、新しい仕事に取り組まなければならない。新しい仕事は、新しい考え方と方法を必要とするから。だから、ものづくりの世界とは違うのではないかな。

しかし、一方でものを考える原点、基本形みたいなものが連綿として確実にある。それは古典芸能で言うところの基本動作だと思うんです。基本動作というのは一種の「たしなみ」ってやつですね。素養と

か、心懸けと言うか。例えば女形は内股で歩くとか、男は外股で歩くとか。それから例えば茶碗を取るのに、男は手で取るけれども女は胸で取るとか。そういうのは基本動作。それから習って稽古していたんじゃ芝居にならないわけです。

柴田　確かに、ならないですね。基本動作を若いうちに身につけておかないと、いい企画、計画はできないです。そのためにも企画、計画の基本動作に相当する考え方や方法が体系化されている、そういう型のようなものが欲しいですね。

マーケティング問題に取り組む考え方とマーケティング手法や分析手法とを体系化する。この体系化されたものが、伝統芸能の型に相当するのではないか、と思うのです。伝統芸能では伝承方法として、「型」を重視しています。そして、型は、「型であるが、型でない。」つまり、型は絶対に変化させないというものではなく、観客大衆の好みに応じて型を少しずつ変化させてきている。このような柔軟な型という考え型が、企画、計画には欠かせない、と思っています。なぜなら、企画、計画も、その時代、スポンサー、そのときの消費者、利用者に受け入れられなければなりませんから。伝統芸能における型に相当するものが、企画、計画にあってもいいのではないか、と思っているんです。

園田　演ずるためには、基本動作が身に付いてなきゃいけない。だから、たしなみ、と言うわけですけれども、嗜好の「嗜」という字を書きますね。並みの動作を足すから「たしなみ」だって、そういう訳のわからないことを言うお師匠さんもいました。

ものの考え方としてPlan-Do-Seeというのがあります。Planの段階として構想計画があって、問題状況の中では何が重要なのか、何が明確になっていなければならないか、を診断するけれども、問題状況の中で何が重要か、ベテランにとってああいうものはもうたしなみの中に入っているから、そこからものを考える必要はなくて、途中から考えても、ちょっと待てよ、最初の構想計画ではどういうふうに考えたらいいいか。構想計画の中でコンセプトはこうなっているわけだから、課題はこうなるに違いない。もしコンセプトワークをやっていなければ、待てよ…、コンセプトは何だっけと。いつも何だっけ、何だっけと戻る。それがこのソフトプランニングでは大変重要だということですね。

柴田　企画、計画の思考って、いつも戻ったり先へ行ったりしますから、何か基本なりベースがないと考えがぐちゃぐちゃになっちゃうんですね。おれ今何やってるんだっけというようなことがよくありますすね。

園田　だから構想計画へ戻らなきゃいけない。もし、構想計画を最初にやってなければ、次のプロセス、つまり課題計画で、構想計画に戻ることを繰り返しているうちに、構想計画自体ができ上がってくる。常にこれができ上がらないと本当の企画、計画にならない。

柴田　でき上がったプランは、何かよく整理されて順序よく並んでいるけれども、実際に企画とか計画の思考は行ったり来たり、ぐるぐる回ったりするのが常ですね。

プランナーの強い意志で企画ができる

園田　企画、計画は、問題解決というのが中心にあって、一番重要なのは何かと言うと、自分はこの問題で仮説が立てられるか。逆に言うと、自分は何をやりたいのか。自分が何をやりたいかを考える奴は、実によく考える。これが一番重要だと思う。例えば、CMの場合、消費者や取引先に見てもらうとかいろいろあるけれども、二番目に大事なのは得意先（クライアント）がそれでウンと言うか、スポンサーがウンと言うか、でしょう。スポンサーからゴーをもらってから後、お客さんがどうだとか、茶の間がどうかを考えてもいいぐらいだ。ただそれだとスポンサーを説得できない可能性があるから前もって考えなきゃだめなんですけれど。

踊りの世界で有名な話があるんです。小さい子供が鞠つきをやるしぐさ。膝をつくぐらいしゃがんでね。こうやって一回りするのに、ものすごく体力が要る。あれをおれはやってみたいということを考えた男がいるわけです。男っていうことはつまり女形が。それでできたのが「羽根の禿（はねのかむろ）」という女形の踊りだといいます。それは役者がこれをやってみたいからできたんです。

まったく同じことが広告の世界でもある。南洋の砂浜があって、ヤシの木が一本あって、そこの下に行って一服してみたいとクリエイターが思うから、それが「広告」に出てくるわけですよね。四コマ漫画（絵コンテ）みたいなのがあるでしょう。白い砂にヤシの木が一本。その木陰で一服している。これをなんとかして撮りたい……。自分が行きたいからなんですね。それで広告主に薦めてみようという。その結果いきなり「おもしろい、それ行こう」って言ってワッとかみ合えば、それで行っちゃうんだけれども、その間にはいろいろな人を説得しなきゃならない段階があるでしょう。この人たちを説得するためにはコンセプト・ワークが必要なんです。理屈が通らないと難しい。なぜ南洋の島なのかという、話しができないとだめなんです。

プレゼンテーションをやるときの相手の説得の仕方には二通りあって、コンセプト・ワークから縷々述べて、それで世の中がこうなっていて、受け手（消費者）の人たちはこういうふうに考えていて、こういうことに憧憬をもっていて、だから南洋の島のヤシの木一本なんですよ、という言い方が一つ。

もう一つは、「これ見てください、嫌なら私帰ります」と言うやりかた。でもその人は「そのいい方」だけしかもっていないというのではなくて、その後ろ側に、広告主に何かいわれたら食いついてやろうというコンセプト・ワークはちゃんと試行してあるんです。こういう人が有能なプレゼンターなのでしょう。

一番重要なのは自分が何をやりたいか。それはこの課題に対して、自信のもてる自分の仮説が立ってるかということ。仮説が立ってないと調査をやったって、何をやったってものになりません。

「仮説」がないとプランニングは出来ない

柴田　そうですね。問題解決に直結する課題を明確に掴むためには、構想計画できちっと問題が認識できていないといけない。構想計画というのは、問題を診断するところじゃないかと思う。たとえば、医師のところへ行って診断が長いと困っちゃいますね。でも診断が短くても、的確でないといけない。むしろ医師が診断するときは、たぶん手早くこの患者はきっとこれとこれとこれの疑いがあるという仮説らしきものをもつのではないか、そうしておいて今度は丁寧な問診や検査にかかるわけでしょう。風邪じゃないかな、胃炎なんじゃないかなという仮説があるからこそ、正しい診断ができる。ベテランはこの診断過程がものすごく早いし、観かたが多様であるんだけれども、絞り込みも早いんですよね。マーケティング計画も同じですね。

園田　可能性の広がりのある柔軟な仮説をもってないと何もできないということですね。何か少しずつ情報が入るにしたがって仮説の範囲が変わっていく、あるいは収斂していくということでしょうね。こうして仮説が確定すれば、課題解決のための対策やアイディアをしっかり検討できるというわけです。

柴田　そういう企画・計画ノウハウをどうやって次世代に伝え残したらいいのか。伝えるためには、何か表現しなきゃいけないですよね。我々が培ったノウハウというものを、全部じゃないにしても、表現できるものは何かの表現の形にしないと若い人に伝えにくい。一緒に働いているときは、以心伝心で伝えることができますが、問題は、そのあとです。表現されたものがあれば、次世代の人がそれを見て考えて、あの人はそういえばこんなことをいっていたなー、やっていたなーと思い出すことができると思うんです。

園田　一緒に働くというのは大事です。だからまず徒弟制度ですね。別に教えてもらってるわけじゃないんだけれども、横目で見ていて、こういうときはこういうふうにするんだと。そういう意識がなくても自然に身についていく。これは五年、十年かかる世界なんですよね。だから一ヵ月、二ヵ月の世界ではそれはとてもだめだ、教えないと。そのためには、よい指導書がほしい。

柴田　教え学ぶというのは、やっぱり一対一で師匠、先輩から弟子へというのが欠かせないと思うんです。でも、その考え方や方法を体系化したものがあれば、きっと教える期間が短縮できたり、より正確になったり、また教え教わる人達にとってそれがスムーズに行くというふうにも思うのです。

仕事をサポートする手法

柴田　欧米人は物事を論理的にすすめるので、仕事をサポートする考え方や管理手法、ソフトウエアをよくつくりますね。古くは、マネジメント　インフォメーション　システム（ＭＩＳ）、イン

ダストリアル　エンジニアリング（ＩＥ）、品質管理（ＱＣ）など、そういえば我々のやってきたマーケティングや調査もそうですね。日本人は、どうしてもものづくりへ関心が集まってしまって、管理や企画といったソフトな技術に目が向かないですね。国民性かな。でも、日本はソフトな技術をどんどん輸入して、けっこう自分たちに合った適用をやっている。自分ではつくらないけれども、利用するのは上手い。これは、奈良、平安の時代から中国文化を巧みに取り入れてきた日本の特性ですね。でも、ここらで、日本は自前のソフト技術を開発すべきではありませんか。

園田　一九六〇年代に米国で開発されたパート（ＰＥＲＴ）ネットワークという概念が、日本に入ってきた。あのパートネットワークというのはすごいと思った。正式名は、プログラム　エバリュエーション　＆　レビュー　テクニックでした。この仕事が終わらないとこの仕事はできない。これが終わったら、この仕事とこの仕事ができる。パートネットワークになるわけですよね。必ずしもその通りに事態は進まないんだけれども、そういうふうに物事のプロセスを分けて考えることができるようになるという概念はすごいと思う。そのパートネットワークが最初にできたのは、なんとこれが一九六〇年代でしょう。ケネディが例のアポロプロジェクトで人類を六〇年代に月に送ると言ったときに、ＮＡＳＡの連中が一番最初に始めたことは、プロジェクト全体の管理システムで、その中の柱がパートネットワークだった。ということは、彼らは管理の仕方のシステムからつくり始めたんですよね。ものをつくる以前の問題だ。これは大したものだと思いましたね。

でも今にして思えばですけれども、日本で一番最初に、一番最初にっていうのは戦後の話だけれども、調査という概念が入ってきた。どうして調査という概念が入ってきたかというと、「ララ物資」とかご存じないでしょうね。戦後何もないから、いろいろなカタチの食料援助があるわけです。ところが物資が横浜の港とか神戸の港にあがっても、それをどこへどのぐらい、いつ運んだらいいかというのが何も分からない。どうしたらいいかというので入って来たのがＱＣ（品質管理）の大家であるデミング博士。博士が日本で調査というものを教えたんです。それが今のセンサスリポートであり、そのときに生まれたのが『民力』という言葉ですけれども、どこにどういう人がどのぐらい住んでいるということをつかまない限り、この物資を運びようがないと。ロジスティックの原点みたいなものですね。

私は昭和四十年にアメリカに行かしてもらったんですけれども、ＱＣ（品質管理）というのは何かというと、製造工程ラインの上をずっと製品が流れていくわけですが、これがちゃんと企画通り、設計図通りのものができていて本来の機能を発揮するか、というテストをする。ところが世の中にはテストできない商品がいっぱいある。典型的なのは消火器です。消火器はテストしたら消火器ではなくなる。そうすると、これはサンプリングをして、全体の良品率を推計するよりしょうがない。そのサンプリングの方法も、始めはスタートナンバーを決めて、あとはインターバルを決めて、百個おきに取るなんていうのをやると、百個おきに向こうで何かエラーが起こっていると、ぴったりそれが合っちゃうから全体を推計できない。そこで、規則性をもたないサンプリング抽出法、ランダマイズというのはものすごく重要なんだというような話になるんだけれども、このＱＣという考え方が日本に入ってきました。

それで昭和四十年に行ったときに、日本生産性本部の斡旋でアメリカを二ヵ月近く回ったんです。それから二年しないうちに今度はアメリカから、ＱＣの専門家が日本に見学に来ると言うんです。日本人というのはパートネットワークもそうですけれども、生みの親より育ての親って、生んだところよりも育て方がうまいと評価されている。だから、生みの親のほうが見学に来る。その典型だと思いました。マーケティングも日本に導入されてから、日本独特の発展をしたような気がしますね。

それは日本が長い庶民文化をもっていることが、非常に大きいと思う。その庶民文化というのは江戸の歌舞伎だとか文楽だとかっていう、古典芸能の世界に今でも生きている。例えばロボット。ロボットは日本でしか発展しないと、もう今から二十年ぐらい前に唐津一さんが言っていた。ロボットの定義はあるんだけれども、その定義によって分類すると、世界のロボットの八八％だったかな、日本にあるんだと。これを使いこなすには相当の文化的水準が必要なんだ。一言で言えば頭がよくなきゃいけないというのが一つと、もう一つは責任感がないとできない。日本人はそれにぴったりだと。だから世界の最先端ロボットは日本でしか動かない、というのが唐津一さんの意見でした。

今から二十年も前のロボット工場。工場に人が誰もいない。できあがったものがずーっと動いて行って、スッとラックへ入る。そして、どんどん流れてくる製品を向こうで行き先別のトラックが待ってるっていうんだから驚きました。

柴田　もうほとんど人の手が掛かるということはないですもんね。今のそういう精密関係も含めて、機械関係はほとんどロボットがものづくりしている。ロボットが働いているのをみると、未来世界に来ているのではないかと錯覚してしまう。ロボットなしでは、国際的に競争力のある製品はつくれないのが現状です。したがって、いまはロボットをつくる技術がテーマになっている。ロボットの手本は、ベテランの技術者、工員だそうです。ベテランが長年培った技術をロボットに教えている。もし、ベテラン技術者、工員が定年などでいなくなったら、新しいロボットはつくれないのかもしれませんね。それにしても、人間はすばらしい。新しい考え方や方法をつくり出す能力があるんだから。

園田　ある一定の水準があって、一定の水準というのは、私は「言葉」と「文章」と「心」だと思っているんです。読み書きができて志のある一定の水準の庶民、大衆がいて、それで手仕事に慣れている人たちがいないと、ものづくりはだめということです。ある程度機械に任せて、こういうことが起こったら、こういうように調整、こうやればいい。このスイッチを押せと。マニュアル化できるものはよそへもっていっても大丈夫なんだけれども、マニュアル化できない部分、見通せない、難しい制御が必要なもの、マニュアル化できないところは、日本人が最も得意とするところなんじゃないかと思う。それは大衆の、底辺の志の水準が極めて高いということなんじゃないでしょうか。

仕似せる、とは

園田　「まなぶ、まねぶ」、それから「仕似せる」。老舗の語源ですね。要するに似せるということ。似せるということは、特徴を取り出してそれらしく見せるという意味で最大公約数。たとえば、目をつぶって上を向いて手を先に出すと、その格好から目の悪い人に見える。でも目の不自由な方には二通りあって、頭を後ろへ引いて避けながらいく人と、頭から先に行く人といる。どうしてかというと、避ける人は、目が見えていた時期があって、何かにぶつかると怖いからどうしても避けようとする。ところが頭から先に行く人は最初から見えていない人で、その人は耳で気配を感じなきゃいけない。杖を突いているのは、地面の状況によって音が変わるという。あの音によって、今どういうところを歩いているかが分かるものなんだそうです。

柴田　だからあの杖には、小さな変化を大きく伝える何かがあるんですね。仕掛けがある。

園田　そういうことです。目が見えていた時期のある人と、まったく最初から見えなかった人とを歌舞伎や落語で演じる上ではっきりさせる。しかし目の不自由な方が、全員がそうかと言うと、必ずしもそんなことはない。さっきの女性の話もそうです。女形は内股で歩くというけれども、昔の女の人がみんな内股で歩いていたわけではありません。今の女の人はどうかな、男のように堂々と歩いている人もいる。しかし内股で歩くことによって男が演じても女性に見える。つまり本質をつかみ出したのです。

柴田　ノウハウをどうやったら表現できるのか。全部は表現できないにしろ、うまく表現できたら、それは次世代に学ぶ人にとって大いに参考になる。そういう意味では古典芸能に目を向けてみると、園田さんが勧めてくださった世阿弥の『風姿花伝』は、能のあり方、演じ方をよく表現していると思いますが、どのように評価していらっしゃいますか。

園田　書き物として、素晴らしいですね。もともとあれは「システム・マニュアル」ということができるかもしれません。風姿花伝などを通じて能の世界は三つの際立った特徴を主張している。第一は、システムコンセプトをもっていることで、そのコンセプトを「花」と云いきっていること。能楽が追求するものは、「花」。十代から二十代は演者自体が花であるが、三十代から四十代になると、自分が花をつくりださねばならない。つまり、培った芸の確かさで花を表現せよ、といっている。二番目は、能は動作を切り詰めた型をもっていること。たとえば、「動かない」演者をみて、観客はなにかを感じとらなければならない。「感じ取れるかどうかは、観客の器量に依存する」とまで言っている。これは、一種の開き直りであり「儀式化」です。しかし、一方で、「様々な解釈ができる」「よく考えよ」と観客に投げかけているようでもある。それだけに、演者は役柄をよく研究し仕似せる（しにせる）ことが重要になります。また、型として、年代別の稽古作法（第一年代稽古条々）というのもある。第三は、装束に凝ること。外見の装束に凝り、立派にみせることによって、人々の注目を集めるようにした。外側の見事さによって、内側に秘められた芸（芸能、芸術性）

と尊厳を感じさせようとした。ほとんど神話といえるくらいまでに洗い上げました。

柴田　最初、風姿花伝は、私のイメージしているメソドロジーとはほど遠いものというか、まったく別のものと考えていました。一緒に考えることをしてなかったんです。しかし、何か感じることがあってなんとか風姿花伝をものにしないと、どうもいかんということで何回も読むうちに、いやこれはよくできたメソドロジーじゃないかなと思うように……。私が非常に大事にしてきた企画や計画、コンセプトは何か、といった問題に通じるものがあります。風姿花伝は、さっきの話じゃないですけど基本動作の部分をきちっときちっと伝えているんです。一つ一つの演目について、ああしろこうしろと、マニュアルのようにできているわけではない。そんなことをしたらたぶんページ数が多くなっちゃう。むしろそれはもうすでに学んだこととして、基本動作を身につけよという意味が一つと、この『風姿花伝』を学んでいる若い人は心構えをもって精進し稽古していけば確実に上達する、という励ましをしているんです。能の所作や意味について一つ一つ書き留めてこうしろというものではない、当然ただのマニュアルとは違う。そこが私は風姿花伝の優れた点だと思っているんです。まさしくメソドロジーだ、と思うんです。きちっと根っこを押さえているから。

あとはお客さんとのやり取り。お客さんがあって能の芸があるんだという本質を明確に表現している。若い役者で一時評判を得て人気が出るとその気になってしまうことがあるが、十分に気を付けるように厳しく戒めています。その役者に実力が無い場合、お客はすぐに飽きてしまい見向きもしなくなる。このような役者がいるのは困ったもんだ、と嘆いている。心するようにと。

また、お客のレベルに合わせて演じるように、とまで云っている。田舎に行けば、能の芸について深くは知らないお客が多いから、分かり易い演題を選ぶようにしなさい。スポンサーである貴族が演題が始まってから到着することもある、その場合、貴族が到着するまでゆったりと演じていつでもスポンサー（貴族）が到着するのを待てるように演じなさい、とか。

園田　ビギナー、初心者の間はこういう心構えと、こういうことを稽古しろとか、いろいろ書いている。能を演ずる心構えを説いている。だから非常に範囲が広くて、掘り下げる人は深く読み取れる。

柴田　これがやっぱりメソドロジーに相通じることかと。風姿花伝の究極の目標は、暗黙知を伝承することではないか、と思います。先ず、園田さんも言われた「能が何を目標としているか」を明確に示していること。花、とは能が究めるべき暗黙知であり、この暗黙知を自得するためには役者は腕を磨き工夫を凝らして稽古しなければならない、と教えています。舞台での実践も大切です。序文の結びに、「稽古は強かれ、情識はなかれとなり（稽古はしっかりやれ、自分勝手はいけない）」とあるように。情識という言葉は、私たちはふだん使いませんが、辞書によれば、情識は「強情であること、頑固」、常識は「ある社会でひとびとに広く承認され、当然もっているはずの知識や判断力」とありますので、両者の意味は大きく異なります。

もう一つ、メソドロジーにつながることとして、風姿花伝は「型の重視と創造」を掲げています。若手や芸を向上させようとしている人達に、稽古は型から入って型を真似よ仕似せよ、と「型」の重要性を説いています。さらに、稽古訓練を重ねることによって習得した「型」に、徐々に自分の工夫を加えていく、そして自分なりの「新しい型」を立ち上げるように。師匠だけでなく、他の名人、達人の「わざ」を取り入れて、自分の型を磨き上げるようにと、薦めている。暗黙知を伝えるといえども、最初は型という手段を用いています。企画、計画にも、同様に「型」があっていいのではないか、と痛感します。その型が、メソドロジーではないかと思うのです。

暗黙知の伝承

柴田　企画や計画についても、風姿花伝のような表現力があり、表現できればきっと企画の妙味が伝えられるんじゃないかなという、そんな気がするんです。もう一つキーワードとしては、ノウハウという言葉でもいいのかもしれませんけど、企画、計画の暗黙知です。表現されるものは形式知であり、表現しにくい、表現できないものは暗黙知ですから、それをどうやって伝えるのか。古典芸能は暗黙知をどのように伝えてきたのでしょうか、そして我々の企画・計画の暗黙知伝授にはどんな方法があると思われますか。

園田　古典芸能の世界では、教えるほうもどう教えたらいいか分からない。でもあんたのやることは違うということが師匠には分かっていて、ともかく同じことを三日三晩やらされて、もう本当にほとほと参ったという話があるんです。「ヨッ、ツーン」という、二の糸を押さえてツーンと弾くだけなんですけれども、それを弾いて「あとには～」と太夫が語りはじめる。ところが、その「ヨッ、ツーン、あとには〜」というのが、「あとには」がそれじゃあ出られないと。毎日そればっかり三日三晩やられたという逸話が残っています。事実そういうこともあったのでしょう。その結果会得したとは書いてないんですけれども、三日三晩やったのが先にいって役に立ったということが書いてある。

柴田　よく映画撮りの場合もね、監督が役者に「ああしろ」とかは言わないんですよね。「違うっ！」とだけ言う。だから、くり返しくり返し、監督のＯＫが出るまでそのシーンを撮るといいます。

園田　違う、という言い方しかできない。こうしろということが言えないのが暗黙知だから、言えないからそうなっちゃうのかな。そういうのは古典芸能の世界には多いですよ。私は今でも忘れない。初めて踊りの稽古に行って、当時は月火木金、毎週四日間の稽古があって。最初の一ヵ月間、明けても暮れても扇子をこう持って師匠の前に行って、稽古舞台で前に置いて座ってお辞儀をするでしょう。それでこうやって構えて立ち上がるんですよ。で、テッツントッツンというのが始まる。お師匠さんが三味線を弾いてくれるんですね。右膝から立って、はい、右足をちょっと出して、左足からと。まる一ヵ月そればっかり。本当に嫌になっちゃった。で、もうやめようと思いました。

全体でたった三分二十秒しかない「松の緑」という長唄の踊りを、それから一年間。最初から最後まで、三分二十秒ですよ。結果、どういうことがこっちに残ったかといいますと、まず曲は全部覚えてしまいます。それは覚えますよ。行くたびに最初からやるわけだから。最初はここまでしかやらない。しばらくたつとここまでやってくれる。その間、常に最初からやるわけです。

柴田　でも最長で、三分二十秒でしょう。丁寧にやるんですね、一年も続けるのですか。

園田　それを週四日毎日やられてごらんなさいよ。それはもう嫌になっちゃう。そのかわり曲が全部頭の中に入りました。身体に染み付いた。その次はね、あの中の三分二十秒の中に出てくる踊りの「手」って言うんですけど、扇で向こうを差すとか、数を勘定するとか、そういう手がいろいろあるんです。この最初のお稽古で、踊りの基本的振りのなかで出てこない手は一つしかなかった。

柴田　その中に基本がみんな入っている。ということは、「松の緑」は踊りの稽古のメソドロジー的存在ではないですか。松の緑、という型から入って稽古をすれば、この後途方にくれることは無いと、先人が工夫して「松の緑」を用意したと考えられませんか。基本動作であると。

園田　そうなんです。基本の手が全部入ってる。一つだけ出てこなかったのは、「かいぐり」っていう手があるんですが、これだけがなかった。これは馴れないとなかなか真似しろと言われてもはじめのうちは難しいものです。

柴田　難しそうですね。「かいぐり、かいぐり、とっとのめ」は知ってるけど。

園田　これができない。松の緑に入ってない。ただし、これだけなんですね。あとは手が全部入ってるから、例えば墨をすって、こういうふうに扇を開いて何か書くとか、筆を置いて巻紙を巻いて、これに封をして人に渡す、恋文ですね。こういう動作などは全部入ってる。だから後日別のものを稽古したときには、これはあの手だ、これはこの手だって身体が思い出す。手の順序が変わるだけなんです。もってる気持ちが、女で踊ってるのか、男で踊ってるのか、中性なのか、若いか、年寄りかっていう、気持ちがそこから出始める。一年間、訳も分からずやられて。こっちは大学生ですからね。それが訳の分かんないちっちゃな子供だったら、あんまり文句も言うまいけれども。

柴田　役者さんは、小さいころからやってるんでしょうね。十七、八歳から始めるとものすごくきついということがいわれてますね。

園田　役者は物心つくかつかないかの小さいころから、それをやってるんですよ。だからもう血となり肉となっている。お能もそうだと思います。三味線もそう、体の中に入ってるから。基本動作というのはものすごく重要で、基本動作のところから何か文句を付けられているようでは、舞台への稽古はどうにもならんのですよ。

柴田　鹿児島示現流も重い鉄棒を一日三千本振るって言ったかな。示現流は、最初の打ち込みだけで、その一本だけで、相手を刀から兜から全部胴までたたき割るといいますね。そのためには力とスピードと腕の絞りが欠かせない。そのためには、相当重いもので、ただ繰り返し稽古をやるしかない。これが、基本動作でしょう。

稽古と教育

柴田　弟子は稽古して、師匠は稽古をつける、といいますね。稽古という言葉はどうも弟子側にあるように思いますが、一方、教育は先生が生徒を教える、生徒の能力を引き出す、という意味ですから、教育という言葉は先生の側にあるように思います。入門当初は教育でもいいのかもしれませんが、ある程度能力や芸の力が身についている弟子にとっては、さらに能力を向上させるには稽古を如何にするか、が問われているように思います。

園田　江戸時代までの教育はどういうのかなっていうことなんですが、手習いというのがありました。上方では寺子屋。そして、松下村塾なんかもそうだったようですけれども、漢籍の素読みと議論なんですね。誰がそういう方法を考えたのでしょうかね。手習いというのは臨書って言って、書いてあることを写すんですよね。あとは漢文の素読みでしょう。手習いと素読み、ここから何か読み取っていくわけでしょう。

柴田　「子曰く、朋あり、遠方より来たる、また楽しからずや」を覚えています。「十有五にして学に志す、三十にして立つ」。中学のときに論語という時間がありました。いまでも時々思い出します。そして、何か感じますね。物事の真理を。きっと、江戸時代の人も、心の支えにしたのではないか、と思います。

園田　全部「音（おん）」で頭の中に入るわけですね。それを小さい子供は、「子曰く」で始まるけれど、パターンは眼に入ってもそんなの読めない。でも「子曰く」だけでずっと音で体の中に染み込むわけです。大きくなって読めるようになってから文字に接して、ああこういう字かと。それは私が小学校の一、二年の頃の教育勅語、あれと同じですよ。「なんじ臣民父母に孝に兄弟に友に夫婦相和し〝爾臣民父母ニ孝ニ兄弟ニ友ニ夫婦相和シ……〟」と覚えてるんだけれども。

柴田　音で覚えているけれども、どういう字を書くかは分からない。

園田　どういう字を書いてあるのかわかるのは、だいぶたってからですよ。音で入ってくるというのはものすごく重要です。日本に練習という言葉はほとんどなかったんです。稽古しかない。教育という言葉もあまり使われていなかった。

柴田　教育も練習も明治ですよね。

園田　漢語にある古い言葉ですが、稽古というのは「いにしえを考える」と書いてあるんです。あとは手習い。手習いという概念の中に言葉を覚えたり、文字を覚えたりというのはあったでしょう。同じ紙に、墨でまっ黒になるまで書くのだから。体に染み込ませるという教育。それを、手習いといい、稽古といいました。

柴田　そうですね。身体知という、体が覚える知。そういうのがあるようです。

園田　剣道でも弓でも、みんな稽古というでしょう。いにしえを考える。「昔の物事を考え調べる」。それはそうだ。古書を読んで昔の物事を参考にし、理義を明らかにすること。

柴田　ただひたすらにやってるっていうのが練習で、稽古っていうのは考えながらやってるっていうニュアンスが入るかな。

園田　面白いことにまだ幼い手習い子の頃から考えたり調べたりすることがなくとも、練習と言わずに稽古と言ってきました。大きくなって自然に稽（かんが）えるようになるということなんでしょう。稽古って、意味を伝える心を伝えることが重要なんだと思うんですよね。練習は動作です。

こころの背骨

園田　演劇の世界にスタニスラフスキー・システムってあるでしょう。あれはどうやって演じている役になり切るか。「なり切る」ということを重要視するもののようです。ところが日本の芸は全部、なり切るわけがないとわりきって演じている。おれは市川団十郎であって、絶対に早野勘平ではない。なり切って早野勘平が腹を切ったら、いちいち腹なんか切ってられるかという考えです。

だから舞台では勘平になっているかと思うと団十郎に戻って、団十郎になっているかと思うと勘平になっているという、その入れ替わりのおもしろさというのを客が鑑賞するようになってもいるんです。これがスタニスラフスキー・システムと決定的に違うところなのでしょう。

柴田　でも欧米の映画や舞台を見ていると、俳優のトップクラスはまさにそれみたいですね。役がありつつ、その人の人柄が出てくる。

園田　チャップリンなんかそうなんだろうな。なり切るわけがないと客も思ってるし、やってる当人も思ってるから。ときどき「らしく」見せると、うまいね!と、こうなる。

柴田　芸の頂上まで行くと欧米も日本もおなじかもしれません。どこからどうやって芸の頂上へ昇っていくかというのは違うようですけど。芸の頂上へ行くためには、役者は師匠から芸の暗黙知を受け継ぎその芸を磨き上げなければならない。暗黙知の伝承って、まず環境ですね。歌舞伎なら歌舞伎の舞台なり家族、先輩という環境と、やっぱり師匠と弟子との、それこそ真剣に向き合う心構えではないかと思います。家族といっても、祖父や父親は師匠、兄弟は競争相手という、この厳しい環境は想像できませんね。

園田　究極の芸は、お互いに説明できないというのが多いと思います。それはこういう意味だとかね。口に出さないんです。それの典型的なのが古今伝授ですよ。伝授の巻物をもらったら何も書いてないとかね。「無」と書いてあるとか、「空」と書いてあるとか。そういう話が多いでしょう。それを誰も証明できない。どうしてかって言うと、一子相伝で絶対に他へは漏れないことになっている。だから誰も知らない（ことになっている）。他の人達は、何かすばらしいことが書いてあるのではないか、きっとそうじゃないかということしか言えない。これが、秘伝の実態だと思います。

柴田　職人の世界にもそういう秘伝を伝える巻物がある、とききました。何か書いてあるらしいんですけど、もらった親方が文字が読めない。だけどそれはすごく大事にしている。新しい普請があるときは、必ずそれを自分で持って行かなくちゃいけない。ある日親方が忘れたので、誰か他の人に取りに行かせようとしたら「だめだ、おれが取ってくる」と。親方にとって巻物は、心張り棒みたいなもの、「心の背骨」なんですね。

園田　暗黙知というのは、自分の心組みというか、心持ちの問題なんだと思うんですね。巻物の中が何であろうと、きっと何かあるに違いないと思っている。

芸術と芸

柴田　古典芸能もマーケティングプランも、スポンサーや大衆の支持があって初めて世に出ることができる、という話が先ほどありました。したがって、われわれはスポンサーや大衆に評価される内容を創り出していかなければならない。ところが、芸術は芸術家自身がよければそれでよいのであって、誰の拘束も受けない。芸術と芸は、ここが根本的に異なりますね。

園田　裸の王様の話ですが、あれもものすごく重要なことを言ってるような気がします。裸の王様は、あいつらは分かってない、と言う。こんないいものを着ているのが見えないのか。俺はいいものをきているんだという。裸の王様の概念って、もう一つ裏側を突いている。芸術の矜持というのかな。あの概念はおもしろい概念だなと思っています。

柴田　まったく一般受けしないんですが、本人はこうじゃなくちゃいけないと思っている。その人が亡くなったり、作品を世に出したときにはあんまり受けなくとも、二、三十年たつと、これは凄いぞと評判を呼ぶ。そういう例はいっぱいありますね。

園田　つまり、それは芸術の世界だと思うのです。「芸術」と「芸」の世界は違うと私は思っています。芸術の世界と言うと、その人の主義主張があって、これが分からないのは相手が悪い、世の中が悪い、しかしそれで良いと。そう言い続けて不幸せな死に方をすることもあるんですが、後からあの人はすごかったねというのが芸術。ところがここで言うマーケティングとか、企画、計画というのは、ゴーシグナル（青信号）が出ないと世に出られないから、その価値ゼロなんです。後で、すごかったねというふうにはけっしてならない。クライアントに採用されて初めて企画、計画というのは価値が生じるでしょう。ここが芸術と芸の違いだと私は思う。

「卑怯者」と言わなくなった

柴田　園田さん、よく言われますね。世界と趣向。世界は不変のもの、ここで言えば基本動作というのかな。もっと積極的に言えば動かせないもの、動かしちゃいけないもの。趣向というのは何ですか。

園田　趣向は、その都度いろいろ考えておもしろくすること。

柴田　でも趣向が残っちゃうというか、引き継がれていくことだってありますよね。趣向が、基本動作に組み込まれていくということはありますか。

園田　それが伝承ってやつでしょう。伝承されると洗練されます。芸の洗い上げが行われるから、いいものだけが伝承されていく。洗い上げているうちに中身のないものはなくなっちゃう。

柴田　いろんな人の目なり手を通っていくうちに自然になくなっちゃうってことですよね。だめなものは、だめ。それから、芸能は時代の変化や大衆の好みに合わせて歩んでいくので、前はよかったものが今はもう受けない。だから、その部分は必要がなくなって伝承されない。

広告計画で四十年前には、都道府県別の特性や民力の差があって府県別に販売戦略を判断する必要があった。しかし、趣向の部分で言えば、四十年もたってこんなに世の中が変わると、本当に前は考えなきゃいけなかったことが、もうまったく考える必要もない。消費者を都道府県別に捉えるよりも、消費者の生活意識や購買行動、価値観を考えるようになった。それ以上に、新しく環境だとか倫理だとか、強くプランの中に考えて入れていかないとだめだ、とね。

倫理っていう問題を人間は忘れてきてしまった。以前は、重視していろいろ倫理学とかあったのでしょうが、高度経済成長のイケイケドンドンのうちは全然相手にされなくて。でもことここにいたると、開発された技術をどういうときに、どのように使うのか、その倫理の問題がけっこう大きく問題として出てきていると思うんですよね。

園田　そういえば私たちの年代は「もったいない、みっともない、恥ずかしい」という規範で育ちました。そのなかで、なんか「卑怯」っていう概念がなくなってきている。日本人の江戸時代の倫理の神髄は、卑怯という概念だったんじゃないかなと思い始めています。武士道の精神かな。武士に限らず「道」はかくあるべし、という道（どう）があった。正々堂々、正しい道をはずさないで歩むこと、つまり公を尊ぶ精神があった。

柴田　卑怯というのは、正しい道を歩んでいない、自分勝手なことをやる、相手の弱みに付け込む、周囲の声に耳を閉ざす、などの意味がありますね。自分のことにしか興味、関心をもたない、自分の利益になることしか考えないので、他人を思いやることなどできるわけが無いですね。社会や学校がどのようであろうと、どのようになろうとかまわない、となってしまう。

園田　おまえはなんて卑怯な奴だ、卑怯者、という。卑怯という言葉は、お前は人としてもう信用できない、俺はお前みたいな奴とは金輪際付き合わないぞ、と周囲の人々に宣言している。こういう言葉がなくなったのは、残念です。

　ああそうか、どうかすると芝居でせりふを聞いても分からないことがあり得るんだ。そうなってくると、なんだか情けないことになりそうです。

柴田　その卑怯っていうのを聞いて思うんですが、政治家とか知事さんは「おれら反対なんて言ってないって」マイクに向かっていう。でも、半年前のＶＴＲを回すと、「はんたーい、反対って」ちゃんと言ってるんですよね。自分が言ってるにもかかわらず、いや、おれは言ってませんというので通るとは思わないけど、そんな卑怯な奴がかなりいる。「談合には全く関係していません、知りませんでした」といっている知事に対して、その三日後に逮捕状が出る。まったく卑怯ですよね。いじめという現象は、卑怯の塊ですね。本人はもちろん家庭というか、保護者が卑怯、学校の先生も卑怯だし、教育委員会も卑怯だし。みんな卑怯者だ。

園田　イジメは卑怯そのもの。いまのイジメは陰湿です。いじめられている子は悩みに悩んだあげく学校にいけない、あるいは死を選ぶ子もいる。いじめている奴は、以前なら卑怯者といわれたに違いない。勿論、傍で傍観している奴も。

柴田　みんなで寄ってたかっていじめる、そのイジメを傍観している大勢がいる、いじめの問題は深刻です。私たちの時代にもイジメはありましたが、同級生の中で力の強い奴がいじめられている奴をかばう、イジメを止めに入っていた。ところが今、「弱きを助ける」、そういうことがない。皆、すべてのことを他人事のように傍観している、対岸の火事のように、です。

イジメの源流を探ると、「クラスの中でできるだけ目だたない」という現象がありました。二十年ぐらい前からでしょうか、中高生の生活意識調査によると、クラスで自分の意見を言わない、できるだけクラスの中から浮かないようにする、という傾向が顕著になりました。今でも続いています。皆と同じでないとやられる、いじめられる、からです。皆に合わせればいい、そこには恥や卑怯という概念は全くありませんね。

園田　他人事には深入りしない、一方で、車内の携帯電話、化粧、人の目の前で男女が抱き合うなど、隣は何をする人ぞ、だ。このような社会では、他人との関わり合いや社会との接点が薄くなってきて、恥ずかしい、とか卑怯だ、という価値観が薄れていく。私の年代は、「もったいない、みっともない、恥ずかしい」の一番底にあるものは、卑怯に対する嫌悪です。

柴田　私は、大学でコミュニケーションという講座を十年以上やっていますが、そこで気がついたことがあります。大学生のコミュニケーションは、「互いに、ちょうどよい距離を保つ」ことに精一杯です。相手にあんまり近づくと、相手が傷つく、あるいは自分が傷つくかもしれない、だから、相互に傷つかないちょうどよい距離をキープする、というわけです。ちょうどよい距離は、相手も自分も負担を感じることがありません。だから、このようなコミュニケーションでは、「恥も卑怯も、温かみも」感じることはない。むしろ、感じたくない、心の負担にしたくない、といわんばかりです。これでは、本当の付き合い、人間としての心からの交流、コミュニケーションはできませんね。

園田 こういう今の価値観を技術の応用、適用という面で捉え直してみると、一言で言えば、技術優先、効率主義ということになる。技術水準として優れているので、商品として売りたい。しかし、売り出されても消費者は、それをどのように使ってよいか、わからない。あるいは、使ってみたが、失敗した、事故を起こしてしまった、損害を蒙った、ということがある。このような企業の不始末は今も続いている。送り手は、利用者がどのように使うか、商品を世に送り出す前にチェックしているのだろうか。受け手とのコミュニケーションが十二分にとれているかどうか、消費者に対して社会に対してどれだけ深く関与できているか、が問われている。この面でも、マーケティングの考え方や手法が使えると思うんです。マーケティングは、実に徹底して消費者、利用者の実態や期待を捉えようとするからです。

ブラックボックスと伝承

柴田 技術発展やシステムの開発によって、いまの人達は技術やシステムを使うことはやってきているけれど、その技術をつくることは体験していない。つまり、ブラックボックスになっている。

この本でちょっと紹介しているのは、銀行のオンラインシステムなり証券のシステムがありますね。あれをつくった人がみんな、だいたい団塊の世代なんです。そうすると、あれから後に入ってきた人は使うことは慣れてるけど、つくったことはないわけです。団塊世代の人たちがいる間は、その人たちがシステムを直すことができた。しかし、定年でいなくなっちゃったら、もう直すことができない。システムが一度ダウンしたら、もう回復できないので全部パーになってしまう。それである証券会社では、十年掛けて、五百億円掛けると言ったかな。それで二十代、三十代の人を集めてまったく新たにつくる。そうしないとおっかなくて商売できない、というわけです。

園田　マーケティング・リサーチ。我々の年代、あなたもそうだったのですが、リサーチの原点をやりました。本当に大真面目にサンプリングしに行った。当時はまだ住民台帳が比較的自由に見られたから鉛筆を転がしてスタートナンバーを決めて系統的抽出というのをやりましたね。ああいう基本動作をもっているから、それに携わる人間の心持ちが重要だなんていう話が逆に出来るのです。工場の製造ラインをつくるには、実際にどのような順序で製品をつくっていくのか、実体験が無いと駄目ですね。

じゃあこういう概念はどうなるかという話になるけれども、昔我々は運転免許証を取るのに学科というのがありました。その中で、エンジンはどうして動いているのか、内輪差、外輪差はどうやって制御しているのか。そういう理屈を知ってますよね。こう曲がるのに、こっちはそんなに転がらないで、こっちのほうを余計転がさないと回れない。どうしてそんな簡単に曲がれるのかと。車軸の真ん中に入っているディファレンシャルギアというのが発明されたがために、自動車という、モータリゼーションが起きた。エンジンも大切だが、このギアも重要っていうような。そういう基本原理というのは知らなきゃ知らないでいい。今はブラックボックスでいいとされている。これからブラックボックスが増えるでしょうね。

これまでの歴史の中で、生きている人間にとってのブラックボックスの多くは自然だった。自然というのは非常に長いタイムスパンをもっていますから、こいつは害になるのか、ならないのかなんていうことは自然と分かっていたみたいですね。中身は分からなくても。だからブラックボックスはブラックボックスで済んだ。場合によっては自然の前にひれ伏していたんです。これが「帰依」です。しかし、いま我々がこれから生きていく中でいろいろ出てくるブラックボックスというのは、人間がつくったブラックボックス。自然を克服しようとしている。これはまだ経年変化が少ないわけだから、今のような問題が起きますよ。だって、電車が一本止まっただけでどうにもならなくなっちゃう。ブラックボックスはそのままにしていいのかねというのを、ちょっと考えたほうがいいと思います。

柴田　いま、人間の環境は、技術によってつくられたモノに溢れていますね。人間は、これを利用するというか、むしろ受身で利用させられている、といえるかもしれません。本当は、そうした技術環境が無くても充実した生活がおくれるのに、頼りきってしまっている。生産も、社会もおなじでしょう。だから、一度技術環境が機能しなくなると、皆どうしていいかわからなくなってしまう。

技術環境が無かった体験が無いから。これは、由々しい問題ですね。これからでも遅くはないから、ブラックボックスをきちんと次世代に説明し理解を得ていくことも重要ですね。人間本来のあり方、考え方に戻って見るべきでしょう。そのためにも、いま発生している社会問題、生活や仕事について根本から見直して、健全さを回復したいですね。そこでも、メソドロジーが必要とされ、出番があるのではないかと思います。

伝統文化とマーケティングが響きあう

柴田　ところで、冒頭、園田さんが言われたマーケティングの考え方や手法を、古典芸能やあるいは和風の旅館とか、そういう伝統の商売や仕事に生かしていく。そういう動きはずっと前からあったんですか。

園田　古典芸能の連中は、そんなことを考えるよりも繰り返し基本動作を身に付けるというところで、もう手一杯だったんじゃないでしょうか。一方で、伝統的な料亭や旅館、そして職人の世界も、後継者がいなくて仕事をたたんでしまう例が多いですね。目の前のことに追われていて、問題を解決するために新しい考えを実行することはできていません。

柴田　何とか、マーケティング力で後継者や働く人を集め、客を集めるようにしたいですね。たとえば、老舗の料亭や旅館のお客さんは少しずつ年をとっていくので、長い間には減ってくる。お客さんの好みも変わってくる。いつまでも同じ商売の方法では、お客さんから飽きられてしまう、忘れ去られてしまう懸念があります。

園田　一番重要なことは、伝統的な分野の商品やサービスを提供している方々が、自分は世襲や伝統を守っていても、肝心のお客さんの方が世襲も伝統も途絶えているということです。さきほどのお客の好みが変わっているというのは、お客そのものが変わっているということでもあります。マーケティングの常道であるお客は誰か、どんな人か、そして競争相手は誰か、競争相手にどの部分で勝てるか、どの部分で負けているのか、を考えることになるでしょう。この辺からアプローチが必要です。

柴田　視点を変えると、イメージというテーマがあります。イメージは変化します。お客さんからはどんなイメージをもたれているだろうか。イメージははっきりしているのか。提供する側が思っているイメージとお客のそれとちがうことはないか、お客が期待するイメージを上回った価値を提供できるか、こういう検討の仕方はマーケティング手法の特徴ですね。果たして、「和」の文化を基本とする伝統的な提供者側が、こういう考え方を理解しているかどうか、伝統とマーケティングが響きあうといいですね。

園田　昔からの和の世界のお客さんが固定化して、確かに少しずつ目減りしている。和のサービスは、形式ともてなしの心が一体化したもので何百年の間に洗い上げられてきました。しかし、ほっといてもお客さんが来るという受身の商売になっていると思う。このように常連客の満足度は高いけれど、新しいお客はこうした伝統の和のサービスをどのようにうけとめるだろうか、和のサービスに新しい味を加えていかなければ、お客さんの期待に応えられないのではないか。これまではよかったけれども、これから団塊の世代が大勢定年退職していく。団塊の世代は、従来の和のサービスを求めているのかどうか。もっと新しい変化を期待しているかもしれない。今、「和のデザイン」「和の心」などを標榜するマーチャンダイジングが流行り始めました。結構なことです。しかし単なるエキゾチシズムに対する「くすぐり」に終わっては困ります。

私は、歌舞伎イヤホンガイド（同時解説）を始めてから三十年になります。この間、私も他の解説者の方も解説の内容、話し方とそのタイミングなどを勉強して、明らかに歌舞伎そのもののお客を増やすことに貢献できた、と思います。来客者の50％以上の方がイヤホンガイドを利用してくださることもあるんです。したがって、かつては反対していた人もいましたが、今は役者、関係者も含めてイヤホンガイドが必要だ、と多くの方々に賛同を得ています。同時解説が、客離れをくい止め客を増やしたのです。しかし、今後は新しい活力ある「本来の歌舞伎」をお客にどのように提供していくか、楽しんでもらえるか、という正面からの取り組みも必要になってきます。そのためには、新しい取り組みのための考え方と方法が求められるでしょう。

柴田　そうですね、全く同感です。伝統文化とはいえないでしょうが、マーケティングとは縁遠いと思われた水族館、動物園、博物館も、困難な状況を迎えたために、新しい取り組みを行って成功している例がある。旭川動物園はとくに有名ですね。随分、苦労をしたようですが、日本の北に位置する不利な状況の中で来園者数全国第一位です。旭川動物園のよいところは、コンセプトが明快で誰もが動物たちに親しめることでしょう。「もっと、動物たちを近くで」が合言葉です。これは、子供だけでなく大人も楽しめる。今まで、こういう動物園はなかったのでいつも遠くから動物たちをみるしかなかった。目の前で、動物たちの動きやしぐさを見ると、だれでも新鮮な驚きと好奇心をかきたてられる。水族館の目玉は、観客を圧倒する大きな水槽と巨大エイやジンベイ鮫でしょう。これまで、あんなに大きな水槽を見ることは無かった。大きな水槽の中を、ジンベイ鮫がゆうゆうと泳ぎ回る。釘付けになります。ジンベイ鮫が近くに泳ぎに来ると、多くの人がカメラを構えます。小さな海中公園を見ているようです。図書館や博物館は、それだけで存在するのではなく、複合施設の一部として役割を果たすようになっています。複合施設の中は、青物市場あり、ファッションブティックありで、生活に密着した店舗、市役所、保険所などもあります。青森では、複合施設ができて年取った人達が市内に戻ってきたということです。それは、雪国の冬はあちこち分散している施設に行くのが大変なのが、用事が一箇所で間に合い、しかも楽しめるからです。複合施設という中心ができたことによって市内が活性化したそうです。

これらの魅力ある変化はお客のニーズ変化を巧に取り入れ、実現した例ではないでしょうか。

園田　先ず、お客さんの数を増やしたい。そのためには、話題になることが条件。その地域や街にしかないもので、お客の期待を超える何かを考えたい。必ずしも、観光客や購入客が増えるということでなくとも、なんだか人だかりがする街。話題が先か、集客が先かということですが、どちらも少しずつ変化させていくマーケティングの知恵が必要です。ともかく人を集めること、お客の数を増やす努力、それが原点です。話題になり、イメージがつくられていくと、さらにお客は増えていくというわけです。

柴田　今日の話は、「古典芸能が伝承してきた芸の真髄と、私たちが伝えようとするマーケティングの暗黙知とが、互いに響き合うものがあるんだ」という、そこですね。切り口として非常におもしろいと思っています。マーケティングと『風姿花伝』が結びついているなんて、読者のみなさん驚かれるのではないでしょうか。

きょうはどうも有り難うございました。

園田榮治プロフィール

一九三五（昭和十）年生。電通退社後、ＩＴ関連企業を経て、現在は、エンターテイメント＆商空間のプロデューサー集団（株）インタープランを率いる代表取締役。（社）日本イベント産業振興会委員。イベント学会会員・監事、未来学会会員、ＬＩＤＯ・地域情報会議事務局長。

このビジネスの顔のほかに、国立劇場や歌舞伎座の解説委員として、芝居好きにはイヤホンガイドの声でおなじみである。さらに、大学講師、日本舞踊名取、俳諧宗匠、と多彩な顔を持つ。マーケティング・広告から江戸文化にわたる幅広い分野での講演も活発に行っており、特に近年は伝統芸能、歌舞伎の講演依頼多数。

雑俳の分野では、江戸趣味雑俳の会「眺牛會」、ことばのお洒落連「新造連」を主宰するほか、落語家十数人による、俳諧連歌・川柳・狂歌の会「つばな連」の宗匠でもある。

主な著書：総合マーケティング便覧（共著）、市場調査便覧（共著）、雑俳独稽古『奥の近道』、その他雑誌『アドバタイジング』等に論文多数。

第2章　まなぶ、まねぶ——伝統芸能にみる知恵

電通の人材育成

いますぐやれ　私は電通の新入社員時代、先輩の言われるように行動しました。何のためにやるのかよく分かりませんでしたが、とにかく指示されたように行動しました。「いま、すぐに恵比寿へ行け」で、出発しました。状況はよくわからないが、先方に到着すればよい、と自分に言い聞かせたものです。現地に到着してから、何をするのか、を電話で先輩に尋ねました。「調査員説明会が終了するまで、会場にいるように」ということでした。後で事情を聞きましたが、「そのときは電通担当者の誰かが、現場にいなければならない」ということでした。担当者が会場に行くことができないので、新人でもいいから行かせる、という判断だったのです。ちょっと無責任な感じがしました。

新入社員として初めての仕事に取り組むことになったとき、先輩からは「やってみろ」といわれただけで、やり方について説明は何もありませんでした。何処から手をつけてよいかわからず、何かしていないと怒られるので、意味なく手だけ動かしていたことを覚えています。その結果は、散々でした。惨めな結果が出てから、先輩は「このようになったのは、最初、○○をしなかったからだ」と、説明し始めました。最初から説明してくれれば、こんな失敗はしなかったのに、と悔しさが残りました。

先輩をまねる　新入りは先輩の手伝いをしながら先輩がどのようにしているかを脇からじっとみつめます。とにかく、云われたとおりに出来るかどうか、云われたとおりに出来たかどうか、が問題であってそこだけを先輩から厳しくチェックされます。手伝いの最初は、作業の目的や内容を説明されても正しく理解できません。そして、一度や二度云われたからといって実際にこなすことが難しいのが、仕事です。やり直しが何回もあって、やっと手伝いとしての作業は合格となりますが、その時点では、自分の作業結果がどのように役立つのか、どのように先輩の仕事に連結し使われるのか、まだ理解できません。仕事の全貌がつかめていないのだし、どの作業部分をとってみても未知の世界であるからです。

何度かの手伝いの後、先輩はおもむろに一連の手伝い作業の結果が、どのように企画に役立つか、を説明してくれます。ここで、やっと自分が手伝った作業と企画の関係が理解できるようになります。しかし、どのような考え方をすれば、企画ができるのかはわからないままです。そのまま先輩は、再び新入りができそうな次の作業指示をします。

状況判断　新人にとって、仕事や職場について知らなければならないことはたくさんあります。先輩は、これらの状況をすべて知った上で判断し行動している、といえるでしょう。新人が仕事を教わるということは、仕事そのものを理解するだけでなく、仕事の周辺にある状況（情報といえるかもしれません）をも知らなければ仕事はできません。かくて、電通の新人は、仕事と状況の両方をのみこむまで、先輩の手足となって働くのです。先輩の所作や行動といったものをみて経験を重ねるうちに、状況への対応、判断力が養われ仕事のコツやノウハウが少しずつ身についてきます。

教わったやり方を工夫　電通での仕事の教えかたは、徒弟制そのものです。新人は先輩にぴったり張り付いて毎日行動します。半年から一年間は、とにかく手を動かす、体を動かすという作業で失敗の繰り返しでしたが、次第に自分の中に「自分の要領、手順といった方程式」ができてくるのを感じます。自分なりに仕事とその状況が理解できて、自分のやり方がカタチになってきます。先輩や上司とはちょっと異なる自分の考え方、やり方が、なぜか心地よく感じることがあります。こうなると仕事を面白く感じられるので、自分なりにやり方を工夫し仕事そのものを自分の目で見直すようになってきます。

この後は、新しい仕事にも挑戦し自分流の仕事術が成長していったように思います。ここまでくるまでに、先輩はかなりの面倒をみてくれました。先輩の考え方（発想）、やり方について様々な疑問をもったときに、その都度先輩は納得できる回答をしてくれたことを感謝しなければなりません。かくて、経験することによって得た手順や方法を自分なりに工夫し改善できるようになりました。この時点で、教わる仕事から自分の仕事になったわけです。

若手育成は大事な仕事　先輩が若手（弟子）を育成することは仕事そのものであり、仕事の中で重要な部分を占めます。それにしても弟子を一人前の企画者、プランナーに仕立てるのには、ずいぶんと苦労があるものです。先輩は弟子と互いに向き合い、真剣に意見を交換し、時には怒鳴りあうこともあるでしょう。先輩が弟子にたいして「こいつは駄目だ。つかいものにならない」と思ってさじを投げてしまいたくなることもしばしばあるに違いありません。しかし、この葛藤を乗り越えてこそ、人は育ち、成長していきます。

何人かの先輩と仕事する　弟子はいろいろな考え方、やり方を学ぶことが大切です。一人の先輩のそばで長い間仕事をしてくると、強い影響力によって弟子の考え方、やり方に先輩のクセがつきます。いうなれば、先輩の分身ができてしまうのです。分身は分身の価値でしかありません。自分のちからで考え方、やり方を考え出したことが無いからです。ただ、先輩の真似をしているにすぎません。したがって、新しい環境変化に対応し新しい分野を開拓する際に必要とされる能力、いいかえれば、「問題を解決する考え方、やり方を創りだしていく能力」がまだ身についていません。このためには、もっと幅広い考え方、柔軟な考え方をもたねばならないし、同じ内容の作業でもやり方は様々あることを知らなければなりません。考え方を広げ、様々なやりかたを身につけるために、別の先輩と仕事をして学ぶことが必要です。会社では、本人が配置転換する、あるいは新しい先輩が異動してくることで、若手は新しい指導者の仕方を模倣する機会が与えられます。

新しい先輩との仕事　若手にとって新しい先輩との仕事は極めて新鮮な体験となります。これまでは、前の先輩と仕事して培ってきた考え方、やり方がすべてであったのですが、全く新しい考え方、やり方に出会うことになります。これまでの考え方もよいが、新しく教えられて経験した考え方のほうが柔軟で、魅力的だ、と感じることもあります。ときには、これまでの考え方が否定されることもあります。多少経験した仕事を改めて任されたとき、途中であるいは終了してから先輩から思いがけない注意や叱責を食らうこともあります。「新人じゃあるまいし、何をやっているんだ。良く考えて仕事をやらんか！」と。これは、若手にとって、驚き以上のなにものでもありません。

自分のこれまでの考え方が一方向にしか向いていないことや、やり方が固定的で応用が利かない、あるいは新しいアイディアを見つける努力が足りない、など、冷静になってみると気がつくことが多々あります。新旧先輩の交じり合った考え方、やり方が、ここに新しく誕生したのです。まだまだ、自分独自の考え方、やり方になってはいませんが、新しい先輩に出会って初めて自立への道が開けてきたのです。

仕事とマニュアル

マニュアルのマニュアルが欲しい　電通の仕事の中に、手順書、マニュアルはありませんでした。応用動作が多くてマニュアル化できなかったという理由もありますが、会社の風土のなかにマニュアルをつくる動機がなかったともいえます。

さて、車、家電、通信機器、パソコンを購入すると、分厚いマニュアルがついてきますが、どうもやさしいマニュアルというものはないようです。マニュアルを読んでいくと、具体的にどのような場合の注意事項なのかわからないことがあります。まだ、その機器を使用していないので、状況がイメージできないからです。マニュアルの読み方というマニュアルが欲しい、という笑い話さえあります。一方、機器に詳しい人はマニュアルには簡単なことだけが書いてあるといっていますが、初めて機器に接する人は何処から読んでよいかわからないことが多いと思います。何がキーポイントで、何が一番大切なことなのか、わからないので、いろいろ試行錯誤します。そうすると、たとえば中央のボタンと下側のボタンの関係や操作手順が少しずつみえてくるようになります。このような努力を続けていっても、マニュアルの内容すべてが理解できるようになるわけではありません。

マニュアルをうまく利用するためには、機器とその利用状況についての幅広い基礎知識が必要です。機器が利用される場面や状況を想定できる（あるいは経験した）基礎知識があると、マニュアル全体が理解できるようになり理解が深まります。機器の利用方法がわからないからマニュアルを読むのですが、マニュアルを理解するためには機器の利用状況がわかっていなければならないのです。何か、いたちごっこのようですが、使いながらマニュアルに慣れていく、というのがよいのでしょう。ちょうど、状況判断があって仕事の要領が分かるのと同じようです。

日本人の仕事観　マニュアルというようにカタカナで書くくらいですから日本に昔からあったものではありません。昔の職人や商人の番頭、手代はどのように仕事を覚えていったのでしょう。マニュアルを読んで修行した、とは聞いたことがありません。書いてあるものといえば、家訓、□□要領、べからず集、図面といった類で、これらはマニュアルのようにやり方、手順を詳しく説明したものではありません。「マニュアルを作成して人に教える」という考え方は、日本人にはきわめて希薄であった、と思います。見て覚える、まねして覚える、失敗して覚える、ことを大切にしたのです。実際にやってみる、実践する中から仕事を覚えてきたのです。私の入社直後の体験も同じでした。どうもこのようなやり方、「仕事は自分で覚える」というのは、日本人独特の日本流であったにちがいありません。

しかし、四十年前の私たちの仕事は、この方法でよかったのかもしれませんが、いまや仕事は時間とどのように戦うか、時間との勝負です。新人も即戦力に早く仕立てる、が組織目標となっています。どうすれば、いち早く一人前に仕事を任せられるか、が経営の重要課題になってきています。そこで、どの分野、どの会社でも、仕事の説明書、手順書、マニュアルが用意されるようになってきました。仕事の説明書、マニュアルを整備することは大切ですが、マニュアルだけで十分なのでしょうか。初めてマニュアルを渡されて読んでみると、その内容はほとんど理解できません。しかし、ある程度仕事をしてからマニュアルを読むのならば、マニュアルの各所に書いてあることに思い当たる節があります。つまりそうした経験があるので、マニュアルが理解できるのだ、と思います。また、別の仕事をしてきた経験があると、新しく担当した仕事のマニュアルも案外わかるものです。仕事そのものがもっている、勘所（かんどころ）が共通するからでしょう。仕事には、ノウハウ、勘所といった目に見えない「何か」があります。

これから、とらえどころの難しい部分、「何か」を解明するために、いくつかの例を通して考えていきたいと思います。最初に、「新入社員に対する訓練」の一幕を披露したいと思いますが、これは私の持論です。次に、昔の「剣術の稽古」では、弟子が剣術の極意をどのように習得するのか、をみてみます。これは、筆者の厳しいスポーツ練習（硬式テニス）の体験から得たことをベースにしています。三番目に熟練工の話を紹介します。

新人の訓練――マーケティングリサーチ　プランニングを教える　私は、マーケティングリサーチの仕事に長い期間携わってきました。新人を訓練する場合には、最初にマーケティングリサーチの技法よりも「課題は何か」を徹底して教えたい、と思っています。まず、自分自身が消費者の一人となって商品やブランドを実感できるように指導します。実際に買い物に行って店頭で商品を買って、店員と言葉を交わします、実際に商品をいろいろな用途で使ってみます。これらの体験から問題や課題を発見することを、新人たちに要求します。本当の問題や課題は何か、に気がつくように、自ら考える内面のはたらきを促したいのです。

消費者、使用者の立場に立ってみて何故その商品、ブランドを選ぶのか、他の人は何故特定のブランドを選ぶのか、その決め手になっているものは何か、などを考えるように指導します。これらのことを知るために、新人たちは家族や友人に話を聞いたり、再度売り場へ行って観察して店員とも話をします。こうしたことによって、素朴な問題意識からスタートし、解決すべき課題を幾つか考え出すことができるようになります。この後、課題を解決するための促進要因と阻害要因を考えます。こうすれば、リサーチを計画する以前に何のためにマーケティングリサーチを行うのか、が当然明確になります。この段階までは、まだリサーチ手法の話は出てきません。リサーチ手法を学ぶ以前に、マーケティング問題をどのように捉えるか、を考えて欲しいからです。

マーケティング問題を正しく捉えるという、このノウハウを新人に伝授することはきわめて難しい、と思っています。ノウハウは、その内容を言葉や文字によって表現することが難しいからです。新人たちが多くの経験を積み、自分たちで創意工夫を重ねてはじめて自得できるものです。そして、この後に続く作業は、問題解決にふさわしいリサーチ手法を選ぶことです。この能力を身につけるためにも、実際の問題を多く経験することと、異業種の成功事例を学ぶこと、などの積極的な試行錯誤が必要でしょう。

剣術の稽古　師匠が弟子を鍛えていくとき、師匠は自分の習得した流派の型を用います。弟子は型を模倣するところから稽古していきます。弟子は型を習得するために繰り返し稽古を積み重ねていくうちに、型を意識しないでも自分の動きに型が馴染むようになります。練習稽古をしても相手の動きに応じた、ふさわしい型を繰り出すことができるようになります。あるいは型を少し変形して相手に対応していけるようにもなります。この対応は、様々な課題解決にふさわしい技術を駆使していくベテランプランナーの技（わざ）によく似ている、と思います。

上級者の技をみる　また、剣術の腕前を上げるためには、上達者の練習や試合を見学することが奨励されます。上達者は、相手の動作が起こる前、あるいは動作が起こる瞬間を捉えて、目にもとまらぬ速さで竹刀も体も動きます。見学者にとっては、想像できない速さです。これを見て、「先ず、相手のどのような所作があって上達者は動いたのか」が分れば、見学者の上達にとって大きなヒントになるに違いありません。そして、目にもとまらぬ速さを現実にみて、自分の竹刀の速さを一段と磨かねばならないことを知ります。練習稽古がひとつひとつの型を学ぶことから始まるのに対して、上達者の試合をみることによって連続した動作として、応用の動作として学ぶことができるのです。もちろん、上達者のように気配や空気を察しつつ相手と駆け引きするすばやい動作がいまできるわけではないので、見たそのままを真似することはできないでしょう。しかし、型から次の型への流れ、あるいは流れの中で従来の型に自分なりの新しい工夫を生かすことができるかもしれません。型の習得だけではカバーできない上達法を、上達者の練習や実際の試合から学ぶことができる、と思います。つまり、上達者の技をみることによって、これまで気づかなかった技（わざ）の流れを知り、それを稽古の中で自分なりに工夫し、自分にふさわしい自分の型として磨かなければならないこと、を学ぶのです。

熟練工の凄さ　熟練の技とこれを表す表現は、実に感性豊かであるといつも感じます。熟練の上司へ旋盤主軸台の原案図を提出したところ、黙って眺めた後、ただ一言「これは、すわりが良いから大丈夫だ」と判定された、といいます。事実、その主軸台は販売後なんらの故障やクレームは無かったということです。「すわりがいい」という言葉は、その技術に精通していなくても何か安心できます。そして、「すわりがいい」とは、主軸台の何をさしているのでしょうか。原案図を見ただけで、どうして断言できるのでしょうか。熟練の技の中に、きっと断定できるノウハウがあるのだ、と思います。

また、ドロップギアをはじめて試用したとき、縦方向の送り（往復台）停止は「ストーンと落ちる」が、横方向の送り（クロススライド）停止は「渋い感じ」であると、ベテランは指摘します。その結果「兎の耳」は非対称に手直しされました。この場合、往復台はその「跳ね返り」も含めて、「ストローク一〇〇±〇.〇一㎜の停止精度である」と定量的に測定できましたが、この「ストーンと落ちる」や「渋い」と感じている旋盤工の勘が測定できたわけではありません。このように、熟練職人の感性は非常に豊かです。

ハードな技術移転に際しても、ハード技術以外の「何か」、人の勘、感覚を必要とします。熟練の動作と判断の中に「何か」が、確実に存在します。職人は、「何か」を読み、そして感じることができますし、その先を予測・予見できます。経験の積み重ねによって結果が予見できるのです。磨かれたセンスといえるでしょう。この「何か」を獲得できて初めて「その技術は移転できた、ライセンスを取得した」といえるに違いありません。

生産技術ノウハウも明文化できるところはすくないので、伝達、伝承に苦労しています。人から人へ伝達するより他に方法がありません。このようなノウハウは、生産過程の一つ一つを丁寧に学習し理解して初めてノウハウ全体の内容が理解できるのでしょう。幾つもの工程が何故組み込まれているのか、一つ一つに必ず理由があります。過去の多くの失敗事例から、安全のために組み込まれたのかもしれません。ノウハウを理解するためには、隠されている事実を丁寧に知る必要があります。いわば伝統芸能の口伝のように人が人へ真剣に伝えることが必要です。

形式知と暗黙知

形式化できないノウハウ　仕事は、いつも変化する状況の中で行われ新しい状況をつくりますので、人は変化への適応を要求されます。例外的な事項は、突然現われます。こうした事態への対処方法は、マニュアルにはありません。どうすればよいでしょうか。滅多に起こらないことだから仮にマニュアルに書いてあっても読んでいないこともあるし、読んでいたとしても何のことか理解できていないことが多い、と思います。読んだ本人にとって思い当たる節や経験が無いからです。マニュアルは仕事の原則、普通のやり方を示したものですから、仕事環境が大きく変化すればマニュアルは役に立ちません。ベテランは、過去に同じ状況、同じような相手とのやり取りを経験し、自分流の適応術が備わっているので、変化に対しても上手に仕事をこなしていくことができます。むしろ、それを楽しんでいるかのようにみえることもあります。腕の見せどころがきた、と内心喜んでいるかもしれません。

ベテランの経験の中には、なかなか形式化できないノウハウ、「暗黙知」と呼ばれるものがあります。M．ポラニーは、「意識できない知識」を暗黙知、意識できる知識を形式知と名づけました。日本人の仕事感は、少し前に述べたように暗黙知を大切にしてきました。暗黙知を体得すれば、仕事がどんな環境にあっても変化しても適応できるようになります。変化への柔軟な適応能力があるからです。この暗黙知を体得した人は、大きな満足感を味わうので、次の仕事への意欲が向上します。

マニュアルから脱せよ　日本人はマニュアルを作成することも、利用することも消極的でした。仕事のやり方、考え方を形式知にすることに関心がなかったのです。これが、欧米の仕事感と大きく異なるところです。しかし、近年は仕事が要求するスピードアップのために、形式知化が次々とおこなわれました。外資の進出によってマニュアル作成は加速化し、現実にその効果を表しました。ハンバーガーショップのマクドナルドは、マニュアル教育を受けたアルバイトに大切なカウンター業務を担当させています。マニュアルに従って仕事をするわけですが、通常の注文は無難にこなせます。しかし、関西の落語家文珍さんの話にも出てきますが、マニュアルを鵜呑みにするとこのように変な具合になるという例です。パーティーのためにハンバーガーを二十個注文した客に、「ここで、お召し上がりですか」と店員は聞いたという。これは、マニュアルが導く基本動作であるから店員が悪いわけではありませんが、やはりおかしいでしょう。マニュアルのような形式知は、表現された内容の範囲内で正確に人に伝えることができます。しかし、ベテランのように状況の変化に応じて仕事ができるわけではありません。業務の暗黙知が備わっていないからです。

実践が育てる暗黙知　数多くの経験と厳しい訓練の中からしか、暗黙知を得ることはできません。新人が暗黙知を体得するために以下のような方法が有効である、と私は考えています。先ず、最初に先輩がやっていることを新人にじっくりみせます。次に、新人二人がお客と店員になってやり取りを想定し練習をさせます。その場で、先輩はきっと様々な注意を与えるでしょう。さらに、実際に店のカウンターで傍に先輩についてもらい直接お客から注文を聞いてカウンター業務をおこないます。いわゆる、ＯＪＴ（On the Job Training、仕事をしながら教えるやり方）です。お客さんとの実際のやりとりを通して多くのことが学べます。新人は、お客と直接向き合うという緊張に震える真剣勝負を経験して、間のとり方、言葉遣い、お客のタイプ（お年寄り、若者、子供など）による接客対応を身につけていくことができます。仕事や技能を学ぶ新人はすべて、こうした体験を積み重ねて次第に一人前に成長していきます。

失敗事例のなかには、つぎの成功への暗黙知が豊かにあると思います。貴重な失敗事例を新しい課題に上手に活用したいのですが、畑村洋太郎先生の失敗学会を除くと失敗事例は外にオープンにされることが少ないので活用の機会が小さいのが残念です。さらに、失敗事例を伝えるとき、成功例と同じようにその内容を整理して論理的に伝えようとします。論理的には表せない部分やノウハウ部分は説明が省略されてしまうことが多いので、失敗例を生かすことは決して容易ではありません。成功への手がかりとなる暗黙知を、読み取ることが難しいからです。

環境の共有　暗黙知を他者に伝えるためには、その経験が得られた場（同じ環境のもと）で、もう一度同じ体験、経験をすること、それもくり返し反復しなければなりません。環境を再現し、業務も再現します。新人が仕事の現場で訓練を受けることは、このような狙いがあります。仕事の現場ではないけれど、比較的長い間同じ釜の飯を食う、合宿をするなかで身体や感覚を通じて得られる経験と知識もまた、暗黙知です。大相撲の部屋制度、将棋や碁の内弟子制、伝統芸能での家族（親が師匠で、子供が弟子）などは、培われた価値観、文化、慣習、場を共有体験するなかで、見事に暗黙知を受け継いで優れた弟子を養成しています。

伝統芸能に弟子教育を学ぶ

歌舞伎の弟子養成　日本では、昔から「芸事は数えの六歳六ヶ月から始める」といわれています。歌舞伎では、おおよそこの年齢で踊りの稽古を始めます。歌舞伎界では、環境そのものが稽古場であり、その中で暮らすことが稽古だといわれています。子供たちは、年中、身の回りに芝居や邦楽があるということで、自然に歌舞伎役者の方向に気持ちが行きやすく、身体も慣らされていくようです。幼いころの修業というと芸の技術だけを教えると考えがちですが、むしろ「あいさつ」が重視されていて、そこから人と人との関係を学ばせているところがあります。

匂いを身につける　十二代目市川團十郎氏（現海老蔵）は、次のように語っています。「歌舞伎界では、子供たちが身の回りの環境から、大切な何かを学ぶようにしています。匂いをつけるというのか、指導する人たちの匂いをまず嗅がせているのです。その年齢では理屈を言ってもわからないわけで、こうした環境の中で暮らしていくと知らずしらずのうちに「匂い」を身に付けていきます。」歌舞伎役者は、幼いころの「覚えていない記憶」というものを大事にしています。自分では覚えていないけれども、自然と歌舞伎の感性や動作を身につけているのです。匂いというのは、歌舞伎という芸風の中心にあって、歌舞伎独特の台詞や言い回し、リズムと体の動きが意識しないでも現われてくるという、独特のもち味です。

身体で覚える　歌舞伎の稽古は、言葉で説明し理屈から入るのではありません。まず、型を身体が覚えます。「型」とは、理論と実践の積み重ねから体系化されてできあがったものですから、芸能の原理原則に適っています。歌舞伎は、型による芸の伝承を代々受け継いできました。新劇などの現代劇は、心理やテーマを分析してそれを体現しようとしますが、歌舞伎の場合、型から入り、体で覚えさせるのです。型というのは、過去の何人もの役者によって芸が練り上げられ、伝承されてきた演じ方です。その型を師匠に演じてもらい、弟子はそれを模倣（もほう）、真似するわけです。弟子は、師匠の演技の型だけ、技術面だけを真似するのではありません。目で見て、耳で聞いたこと、その場の張りつめた緊張の中から、カタチに現れない芸の何かを弟子は身につけようとします。師匠の磨いてきた優れた芸の心（心構え）を吸収しようとします。芸の心は、真似のできるものではありませんから、本当のところは「芸を師匠から盗む」という稽古修業になります。これは、人の意識下にある脳の働きによるものです。型の模倣を通して表現と動作を体が覚えます。さらに、稽古修業とそれに続く舞台の経験の積み重ねが、芸の真髄に迫ろうとする脳の働きを活性化していると思われます。

型は、師匠の生き様そのもの　師匠は、師匠が教わった型をそのままそっくり伝えているのではありません。自分が教わった型をあれこれ試してみて、自分の身体や考え方にふさわしい付加価値をつけて次の代に伝承します。したがって、型を教えるということは、師匠の芸の生き様を伝えるということに他なりません。師匠が創意工夫した芸を、型を通して教えようとしているのです。代々の名高い役者、名人が工夫に工夫を重ねてきた歌舞伎の真髄を、型という方法を通して脈々と伝承してきたのです。

しかし、一方で型が固定されるという弊害もありました。家元が急に亡くなってしまって型だけが残るというケースもあります。あるいは、特定の名人の芸風が人々の心に深く印象に残ってしまったために、その芸の型がいつまでも受け継がれてしまうこともあります。とにかく次の代に伝承しなければならないという理由から、カタチだけをなぞるだけの演技となってしまい、芸の真髄が伝承されずに消えてしまうこともありました。こういうことが続けば、芸は輝きを失います。ただし、型のカタチが伝承されて、次の名人上手がこのカタチに新しい魂を吹き込み創意工夫を加えることによって、再び芸の輝きを取り戻すこともありました。状況によって型が固定化されるという落とし穴があるとはいえ、型は芸を伝えるという優れたコミュニケーション手段です。

狂言の弟子養成

狂言の場合も、師匠は弟子へ身体で教え、弟子は身体で覚えるという方式です。弟子は師匠の演技を模倣し、型を真似します。型といっても、師匠の身体に叩き込まれた型なので、同じ師匠の下で修業した弟子の間にも微妙な芸風の違いが出てきます。つまり、師匠が示してくれる型は、再現できるカタチという意味での型ではないのです。「型はあるけれども、型はない」という極めて日本的な感覚で捉えなければなりません。

芸の真髄を伝える型　野村万作氏も、「型は、継承してきた技術と芸の精神とを身体をつかって伝える、身体に宿っている目に見えない芸の真髄を伝承する方法である」といっている。万作氏の初舞台は、三歳で、そのとき祖父の前に正座して一対一で向かい合う稽古をしたそうです。一句祖父がいうと、はっきり大きい声で鸚鵡返しにそれを口真似します。字が読めないから、口写しで覚えるしかありません。師匠が一歩で出よ、といわれたら、弟子は一歩出るという習い方です。幼いころに、このような稽古の過程を通らないと、意識しないで狂言の抑揚で語る、あるいは立ち振舞うということができにくくなるといわれています。一方、途中から狂言の世界に入ってくる人は、意識せずに伝統の型になる体をつくることに大変な苦労をしています。型を身につける訓練とそのうえに築き上げる芸を同時進行のカタチで稽古するので、教わるほうも教えるほうも難しいそうです。

教えない指導　「こういう役だから、このようにやったらいい」と指導してしまうと、教えられたことから抜け出せなくなります。弟子が師匠の期待する演技に応えられない場合は、「違う、もう一度！」と駄目だしをするのが、よいとされています。弟子が自分自身の工夫によって演技を身につけたときは、そのわざは確実に弟子のものとなるからでしょう。名監督による映画撮影でも、多くの現場スタッフを待たせながら主演俳優に繰り返し駄目を出して本人に考えさせる、とききます。大変、よく似ています。

規範の中での自由　万作氏は、劇団養成所で狂言を教えていた経験から、研修生の中にサボっている人がいても、自分の感性で演じるようにしている人のほうが面白い存在になり、熱心だけれども教えたとおりにやる人はその後俳優としてあまり伸びていかない、といっています。面白い俳優は、演技を自分のセンス、感覚で捉えようとします。感覚やアイディアで、面白くしようとしているのです。

しかし、狂言の世界は培われた厳しい伝統の中にあるので、なかなかそういう指導がしにくいようです。自分なりに演じていく以前に、心技体、技術的なこと、心のもちよう、舞台でのあり方などの規範にしたがうことを、優先します。自分なりに工夫して演じていくのは、一通りの「型」を体得した後になります。万作氏は、「成長する狂言役者は、規範にはまりながらも、そのなかで自由に演技する境地に入ることが理想だ。狂言というのは、型に縛られながらもなお自由に演技していく姿勢から生まれる笑いの世界であるから」といっています。

噺（はなし）家の弟子養成

芸は呼吸である　芸の呼吸というものは教えようとしても教えられるものではない、といいます。

その呼吸とは、いったい何なのでしょう。この呼吸というのは、例えていえば「自転車に乗れるようになる、のと同じ」と春風亭柳昇師匠はいっています。自転車の乗り方という本を何百回読んでも、自転車に乗れるようにはなりません。実際に乗ってみて何回も転んで失敗しているうちに、ひょっと！乗るコツをつかむようになります。自転車に乗れるようになるということは、自転車に乗る呼吸を身体が覚えたからです。

落語、噺家の場合も全く同じで、実際にお客の前で何度も演っているうちに、笑わせるコツというものを覚えます。実践によってコツを身につけます。コツは自分で会得するものであって、人から教わるものではありません。どうしたら確実に早くコツを覚えることができるか、それは名人上手の噺をよくきくことだ、と柳昇師匠は語ります。教わろうとしても教えてもらえない呼吸というものだから、うまい人の芸を盗むしか方法がないというわけです。したがって、噺家の場合も、「芸は盗め」ということになります。しかし、うまい人の噺がうまいなー、面白いなーと思っても、最初からその芸を盗めるわけではなく、どのように真似すればよいのか、何度も聞くうちに次第に分かるようになります。稽古百篇、そして何度も客の前で真剣に演じていくことで、その芸がしっかり身につくのです。

多くの師匠先輩から学ぶ　噺家の稽古では、師匠や先輩に差し向かいで教えてもらいます。一人稽古はよくない、誰か治してくれる人が側にいて、その場で直してもらうのが上達の道だ、といいます。「私は、以前、桂米丸さんや、柳好、右女助といった人達にきいてもらったり、直してあげたりしたことが、一番よい稽古法だった」と柳昇師匠は述べています。そして、一人の人だけから教わることは避けるように、といわれるそうです。多くの師匠、先輩から教わると、いろいろミックスされたものが自分の芸になっていくからです。この結果、誰にもない自分だけの独特な芸が身についていきます。

上手な人を真似する　美空ひばりは、笠置シズ子の物真似が上手でしたが、その後ひばり節という一種独特の歌い方で歌の女王といわれる立派な歌手になりました。うまい人の真似は大いにすべきであって、それが上手になる一番手っ取り早い方法とよくいわれます。「芸は模倣から始まる」ということです。しかし、最初は模倣であってもいいけれども、芸人は自分の芸、他人が真似できない芸、つまり独自の芸を身につけなければなりません。柳昇師匠は、師匠と違った芸を身につけようということで前座のころから（最初から）誰にも似ない芸を目指したのですが、ずいぶん無駄な努力をしてしまい遠回りしてしまった、と後悔しているそうです。芸の基本ができていないものが、はじめから独自の芸などできるわけがない、ということに気がつかなかったのです。こうしたことから、上手な人の真似をして一日も早く真似から卒業できる人が成功するのだ、と言うことがわかります。

伝統芸能に学ぶ教育、訓練

三人の異なるジャンルの名人、達人が示している教育、訓練の考え方と方法は、芸の真髄である暗黙知をどのように伝えるか、という点で共通するところが多いと思います。そして、それは、実に日本人独特の感性や心の内側に働きかける教育と訓練方法です。

独特の訓練環境　伝統芸能の教育、訓練で特徴的なのは、幼いころからの環境です。團十郎氏は、「幼いころは、環境が稽古そのものになっている。年中、身の回りに芝居や邦楽があるということで、自然に歌舞伎役者の方向に気持ちが行きやすく、馴らされていく」といっていました。伝統芸能が培ってきた独特の環境が、多感な子供のこころや身体に働きかけ、伝統芸能の空気になじむようにしてきました。こうした環境の中で育っていくと、自然に舞台での台詞や言い回しリズムや体の動きが、意識しないで歌舞伎独特の風（ふう）になっていきます。野村万作氏も、「幼いころから稽古していないと、意識しないで狂言の抑揚で語ったり、立ち居振る舞いができなくなる。時間をかけて、繰り返し稽古するうちに、身体の中にたたき込まれて、自然に身についてくる」と同じようにいっています。

芸は模倣から　芸の修業は、弟子が師匠の模倣をするところから始まります。つまり、師匠の教える型を真似するのです、うまい人の真似は大いにすべきであって、それが上達の一番の近道である、といっています。最初は模倣であってもいいが、一日も早く模倣から脱却して、自分の芸を確立しなくてはいけません。師匠の演技を模倣するといっても、技術だけをなぞるわけではありません。表面上は似ているけれども、優れた芸というものは他人が真似しようにも真似のできない芸風、個性があります。したがって、弟子が師匠の芸を自分なりに吸収するという「芸を盗む」修行法であり、カタチに現れていない何かを身につけようとします。師匠とそっくりではいけません。稽古は、一人の人だけから受けるのではなく、何人かの名人、上手から教わると芸がミックスされて、自分の芸ができあがっていきますので、その結果、自分だけの独自の芸風が身についてくるようになるのです。

型の中で創意工夫　「型を通して芸を伝承する」ということですが、師匠自身が創意工夫を加えた、師匠ならではの型を弟子に伝えるのです。したがって、代々伝わる芸は、すこしずつ工夫が加えられて変化、成長していることを、まず念頭におかねばなりません。きまった型だけが代々伝わるとすれば、その芸は陳腐化します。

また、伝統芸能では、弟子が自分の工夫や感性を加えて自分なりに演じていくのは、長い間の修業の後になります。師匠から教わる型の稽古修行の中で、心のもちかたや舞台でのあり方などの規範を学習します。その上で、この規範にはまりながら、なおかつ自由に演技していかなければなりません。これを芸の上達法の理想としているからです。弟子は、「型にはまりながらも、その範囲内で自由に演技する」ことを要求されます。制約条件の中で目いっぱい研鑽することで、芸は深まっていきます。

それから、教えるというのも、どの程度まで教えるのかという限度を弁えなければなりません。あれこれと細かい注意をすることは避けたほうがよいでしょう。いかにも日本的な指導法でありますが、「違う、もう一度」と駄目を出して、当人が創意工夫をしていくように指導すべきです。この方法には忍耐と時間が必要ですが、一度師匠の御眼鏡に適う演技ができれば、その芸は確実に当人のものになります。つまり、弟子は自分から工夫し研究して、芸を自得、体得しなければならないということです。

不易流行と守破離

芸の秘伝を弟子に伝えることを相伝といいます。芸の奥義を限られた弟子に伝え残していくという閉ざされた制度（システム）のなかで、名人、達人が工夫した「わざ」を代々正確に伝えていくことが、秘伝相伝の使命です。しかし、この相伝システムでは、大切な芸の奥義は残されて伝えられますが、新しい創意工夫を加えにくいことが難点です。芸には、変わらない普遍的なものと、時代に応じて変化し新しい創意工夫がいきてくる部分とが必要です。これまでの名人、達人の「わざ」を超えるような「わざ」であれば、この優れた内容を相伝の中に組み入れていく必要があります。そうでないと、代々芸を受け継いでいくうちに、多くの観客を魅了していたその芸が疲弊し陳腐化していく恐れがあるからです。

不易流行　芭蕉がいう不易は、時代が移っても変わらない秘技の型に相当します。そして、流行とは、千変万化するのは自然の理である、というのです。「型にこだわっていては、千変万化する自然の流れについていけない、変化に対応するために一心集中して誠である真実を追究していなければならない、そうしないと、一歩も前進できない」と芭蕉は諭しています。まさに、芸能が、これまで培ってきた伝承のノウハウを明確に表現しています。それでは、弟子の教育訓練を具体的にどのようにすればよいのでしょうか。守破離という考え方があります。

守　まず最初に、弟子は教えられたことを懸命に自分で吸収し理解を深めることを求められます。この段階では、自分のやり方、考え方は傍らに退けておいて、師匠の伝えようとしていることは何か、何故そのような考え方が必要なのか、師匠は何故そのような考え方をもつようになったのか、を知ることが大切です。師匠が期待する考えと行動ができなければなりません。つまり、師匠の教えを、「守る」こと、「守」が優先します。

破　次に、弟子は教えられたことを十分に学び熟するところまで理解すれば、教えられたこと以上に自分で自然に考えることができるようになります。これは、わたくしたちの生活や仕事の実体験の中に確実に存在するものであり、実感があります。通り一遍の学習や訓練では、この段階にいくことはできません。教えられた内容について、疑問をもちその疑問を解くこと、自ら考えることによって、その内容の背景や奥に隠れている事実や論理までも知ることができます。この醗酵にも似た習熟の体験は、教えられた以上のこと、もっと新しいことの発見を促すはたらきがあります。この段階が「破」です。

離　さらに、教えられたことを理解しそれ以上のことを発見した後、そこから離れるとはどのような意味なのでしょうか。師匠と弟子は、互いに資質や身体、感性など、人間として異なる条件をもっています。したがって、教えられた内容は師匠のものであって、師匠自身は当然その個人技、すなわち「わざ」を十分に発揮できます。しかし、弟子は教えられたところから出発して資質、身体、感性など自分の特徴を生かした自分自身の「わざ」へと踏み出さねばなりません。教えられたところから一度離れて、自分の発想や工夫を加え、さらにそこから発見したことを自分なりに再構成する、この段階が「離」なのです。

「わざ」の口伝

型とわざ　多くの芸能分野で、かつて名人達が創意工夫し、多くの観客がその演じかたを賞賛した芸は、「型」となって後世に伝わってきました。つまり、後世の芸人は、先人が工夫した型を、芸の規範として受け止めます。そうでないと、観客は納得しません。観客は、目の前で演じている役者の演技にたいして、先代、先々代、いやもっと前の名人が演じたであろう芸を重ねて鑑賞し、その芸を味わいたいと期待しているからです。

演技は、規範として表現できる「型」と、その型にいのちを吹き込む「わざ」の両方をもっています。私は、いのちを吹き込む「わざ」を、態と「わざ」というひらがな表現したいと思います。「わざ」のなかには、文化的な価値が含まれます。漢字で技と書くとかなり技術・技法に近いイメージになってしまうので、「わざ」とひらがなで表現します。「わざ」は、その名人にしかできない極めて属人的なものです。名人が研究と工夫を重ねた結果、自分の感性と身体でしか表現できないもの、それが「わざ」です。だから、名人が自分の芸を弟子に教える際、型を通して教えられる部分と、伝えようとしても伝えられない芸の真髄、暗黙知があります。

さて「わざ」は、どのように伝えられるのでしょうか。伝えることができるのでしょうか。文字や絵として記録できない微妙な演技や美の様式は、口伝、つまり口頭で弟子に伝えるより他に方法はありませんでした。師匠からの口伝をきき、これを自分の「わざ」とするためには、繰り返し稽古をする以外に習得の道はありません。口伝の中に示されている芸の真髄を身体で実感できるように、稽古を繰り返すのです。反復の稽古が続けられると、その動きは無意識の領域へ沈殿していき、「わざ」として定着していきます。いうなれば、量が質への転換を促すのでしょう。

繰り返し稽古するプロセスを通じて、「わざ」を発見する機会が訪れます。こうなると、芸の奥の深さや妙味、面白みを少しずつ体験していくようになるので、さらに稽古に身が入ります。このように、記録できない、明確に表現しにくい微妙な演技方法や美の様式は弟子自らが発見し体得していくもの、いわば個人的な努力の積み重ねによってのみ得られるものです。

家元制度というシステム　芸が数百年にわたって引き継がれてきた、その背景に家元制度があります。人から人へ芸が伝わるのですから、途中で引き継ぐべき人がいなくなってしまうこともあったはずです。芸人を経済的に支える制度が無ければ、これもまた代々芸を伝承していくことはできなかったと思われます。自分が芸の主流を引き継ぐべき人間である、と互いに主張して争い、その結果芸を継承すべき集団が離散してしまうこともあったことでしょう。現在も活躍している芸能は、しっかりした集団組織を形成しています。家元制度というシステムによって、この集団組織は今日まで存続してきたのです。

芸の相続者を決定　芸の相続者である宗家、家元を中心とした、特定流派に属する人々が家族的結合で組織されているのが、家元制度です。いまでも、家元は家父長的存在として流派の中で極めて大きな力をもっています。この大きな力で、弟子たちを統率し、芸の相続者を決定してきました。さらに、組織を維持発展させるために、弟子がそのまた弟子を養成する免状を有償で発行し、経済的基盤としています。したがって、集団が大きくなればなるほど、経済基盤はしっかりしてきます。芸能の伝承は、その技は型を通して伝え、同時に家元制度が基盤になっていたのです。

『風姿花伝』は、暗黙知伝承　虎の巻

指導者が学ぶべきこと　『風姿花伝』は、能の考え方と演技方法を体系的に示した指導書です。

広い意味で「型」といえば型ですが、時代や観客の変化に対応できている類まれな指導書である、と思います。技術の暗黙知を伝承しようとすれば、先ず、この風姿花伝を学ぶことが大切です。何を、どのように表現すべきか、様々な知恵を与えてくれます。

『風姿花伝』は、六〇〇年ぐらい前、足利義満の時代に世阿弥が表した能楽論です。世阿弥は、父観阿弥の教えを忠実に整理し、自身の体験を踏まえて能の目的を明確に文字で表現しています。能の目的を実現するためには、「傲慢を慎み、油断の無い稽古と工夫が大切であること」を強調しています。常に、観客の眼に応えられる心構えと演技はどのようにすべきか、を念頭において、能の暗黙知とも云うべき内容を独自の能芸論と丁寧で具体的な指導法によって後継者に伝えようとしています。

如何にすれば上達するか、人気を得ることができるか、体得した能芸の「わざ」を一生涯維持できるか、を役者の心理と行動の両面から明らかにしています。

危機感から風姿花伝がうまれた　世阿弥は、父観阿弥が創りだし、自分もまた大いに工夫してきた能芸が、このままでは廃れてしまうという危機感からこの花伝書を書き残しました。若い役者がちょっと評判になったからという理由で、その後稽古精進をしない者が多々見受けられるので、稽古をしなければ観客に飽きられてそのうち見向きもされないようになる、と強い警告を発しています。また、後継者たちが一時の名声に捉われて能の根本を忘れ目標を失っている有様を見て、このままでは能の将来が危ういと世阿弥は強く思っていました。そこで、上手でない者に芸の向上を促すというよりも、稽古を積んで人並みすぐれている役者たちが、さらに上を目指してどのようにしたら名人、上手になれるか、高められた能芸のわざを維持できるか、を教えるために風姿花伝を残したのです。

しかし、勿論上手でない者も若い人も風姿花伝を読んで厳しい稽古を積んでいけば、芸の向上が図れることは言うまでもありません。能芸が表現する目標像を〈花〉と言い切って、花の性質や四季折々の変化が能芸を鑑賞する観客の心にどのように映るか、奥深い考察と対応の心得が示されています。能の至高の芸とは何かを〈花〉と表現することで、「能の暗黙知」を伝えようとしているのです。人間がつくりだした究極の「わざ」、暗黙知を伝えるための表現はどうすればよいか、その方法論はどうあるべきか、という視点で風姿花伝に注目したいと思います。

風姿花伝の構成と概要

風姿花伝は能芸論体系をもつ　花伝書は、能芸論として体系的に構成されていて、次代を受け継ぐ人が理解できるように「能芸の本質」について丁寧に記述されています。花伝書は、七編からできていますが、第六花修と第七別紙口伝は本論を補う役割になっています。能芸の魅力や究極のわざを、文章や絵などで表現することは難しくてできません。舞台での実際の演技を鑑賞しても、その究極の技を見極めることは難しいでしょう。暗黙知なる「わざ」があってこそ観客を魅了することができるわけですが、風姿花伝は観客を魅了するための様々な工夫について、第三の問答形式で応えようとしています。さらに、第五奥義では、自分の型をもつことが名人、上手であって、自分の型がなければ、他人の芸を取り入れることはできない、とまで言い切っています。技術を学ぶ上でも、「自分の型をつくる」ことが、学習側の究極の目標になることはいうまでもありません。第七別紙口伝では、〈花〉という能の究極をどのように考え、演ずるべきか、様々な視点から述べています。

（『花伝書（風姿花伝）』世阿弥

図2－1　風姿花伝（書）の構成

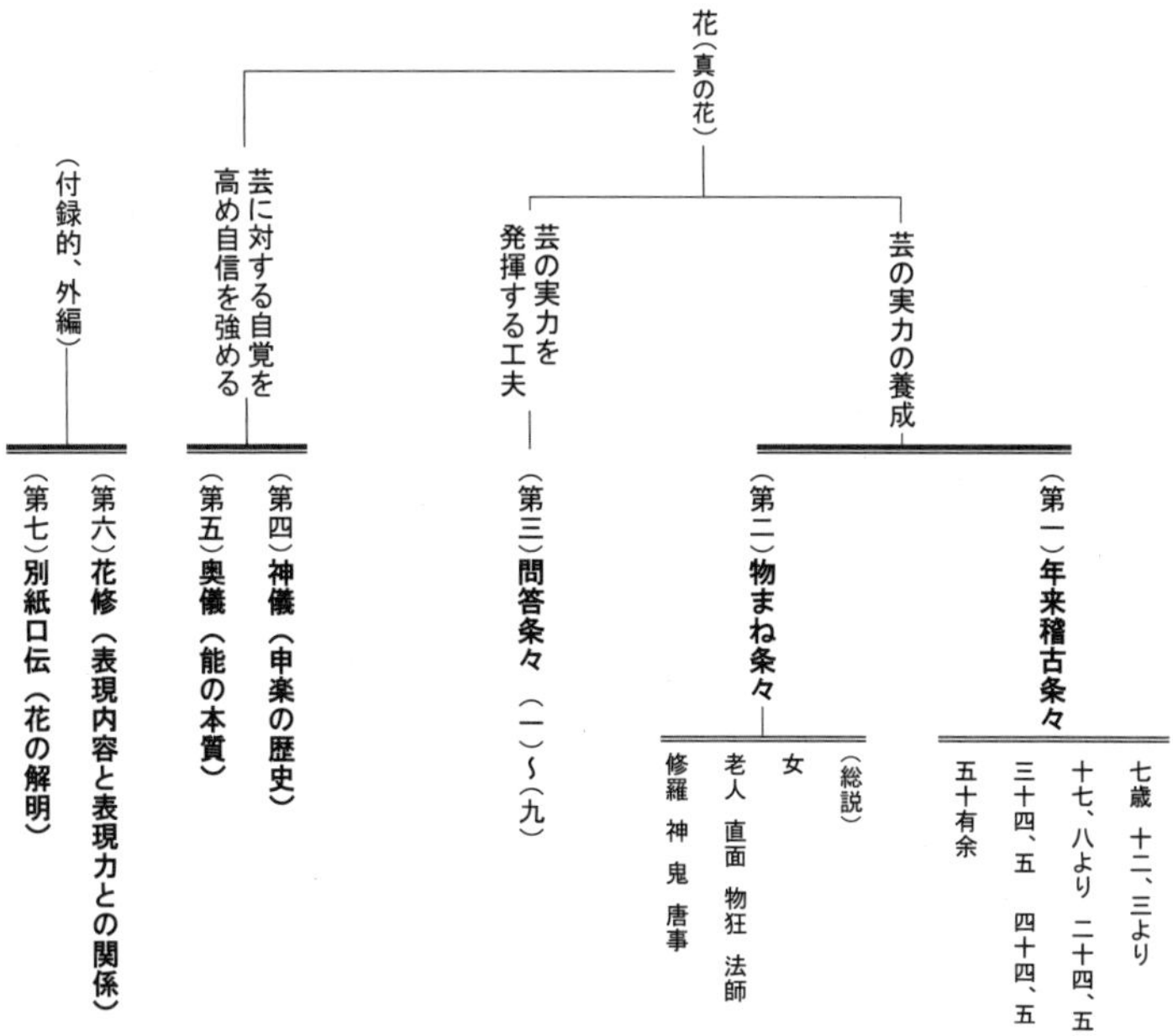

出典：花伝書（風姿花伝）世阿弥編　川瀬一馬校注・現代語訳　1972　講談社

編　川瀬一馬校注、現代語訳　昭和47年　講談社参照）

究極の目的は、暗黙知の伝承　風姿花伝という指導書は、「能が何を目標としているか」を明確に示しています。このことが、非常に重要です。風姿花伝は、能芸の究極の目的は〈花〉である、と明快に表現しています。〈花〉とは、能芸の究めるべき暗黙知です。したがって、風姿花伝は、能の暗黙知を伝えるために世阿弥が表した指導書である、と私は確信しています。

能の究極の姿である〈花〉とは、演者の魅力である華やかさ、美しさ、珍しさと人気を意味していますが、真（まこと）の花を表現するためには役者は腕を磨き工夫に工夫を重ねなければならない、と教えています。世阿弥は、風姿花伝によって観阿弥と世阿弥が工夫し究めてきた能芸の真髄を、何とか後継者たちに伝えようとしたのです。芸の真髄を伝えるためには、不断の稽古と工夫があって初めて体得できるものであって、若い人に一時的に評価を得たり人気が出るとたちまち精進を怠ってしまう役者がいると、きつく警告しています。

型の重視と創造　風姿花伝は、若手や芸を向上させようとしている人達に「型」の重要性を強調しています。さらに、稽古や訓練を重ねることによって習得した「型」に対して、徐々に自分の力でその「型」に創意工夫を加えていくことを奨励しています。その結果、「習得した型」を破って、自分なりの「新しい型」を打ち立てることができるように、そして名人、上手の「わざ」を取り入れつつ自分の型を工夫して磨きあげるようにと、教えています。この段階を経過すれば、まさに名人から上手へ芸の暗黙知が伝承されたことを意味します。この伝承を代々繰り返してきたことによって、能芸の真髄、暗黙知が次代の役者に受け継がれてきました。同時に新しい型が育まれることによって、能芸が大衆の中で脈々と生き続けることができたのでしょう。

最初に能の基本形を簡潔に表現　風姿花伝では型の大切さを強調していますが、能の型そのものを規定してはいません。型の基本となる能芸の心構えを、役者の年代ごとに（第一稽古条々）、演ずる役柄（第二物学（ものまね）条々）について簡潔に述べています。型を規定する概念を提示して、型の柔軟性を確保したのかもしれません。型そのものは、役者によって、年ごとに成長、変化をしていかねばなりません。

能を演ずる役者が年とともにどのような稽古をしたらよいか、そして役柄をどのように演ずればよいか、の基本が、風姿花伝の第一と第二に示されています。つまり、能芸の基本説明をこの最初の部分で完了しています。能芸のすべてを書き連ねようと枚数を重ねる愚を、世阿弥は知っていたのかもしれません。当然、能芸のすべてをこの伝書に書くことはできません。したがって、簡潔にわかりやすく能の基本を、役者の年齢と役柄の二つの側面から解説しているのです。

能の究極の目標は、〈花〉　〈花〉、とたった一言で表しています。世阿弥は、凄腕のコピーライターです。第七　別紙口伝で、花を丁寧に解説していますが、世阿弥の掲げる花は現象の花（四季折々に咲く花をイメージする）から、芸の究極である芸風や品格の花、芸の真髄までの広い広がりを意味しています。その広がりの中に、工夫の花があります。能芸を始める幼児期から老年に至るまで、すべての年代に対して〈花〉という目標を示しています。稽古や舞台の目標としても、花の性質を巧みに利用して説明しています。究極の目標に対して段階的に示された花の定義は、能芸を学ぶ後継者にとって実に分かり易い表現になっていると思います。

四季折々の花は、若々しい役者が放つ美しさで、美声、美貌、柔軟な肢体を意味しています。これは、自然に備えられた花、美しさですが、これはこれで観客のよい評価を獲得できます。しかし、成長するにつれて若々しさは失われますから、本当の芸を身に付けていかねばなりません。どんな役柄でもできる芸、その役柄をさらに工夫できる芸、どんな観客の期待にも応えられる芸を体得しなければなりません。このような芸を、世阿弥は、工夫の花といいました。また、観客の期待に応えられる細かい演出ができること、さらに似せようと思わなくても自然に役柄を演ずることができる位（芸の高い水準）を発揮できること、も欠かせません。こうした芸の向上があって、老人になっても若者を演じながら芸風、品格のある舞台をつとめ観客からも絶賛を浴びる芸、これが究極の芸、〈花〉である、というわけです。

このように、風姿花伝は能芸の目標を明確に示し、目標に到達するにはどうしたらよいか、の考え方と方法をも提示しています。

演出とプレゼンテーション

どのようにみせるか、魅せるか、は、芸能の最大の課題といえるでしょう。芸能は、「どのように魅せるか」に尽きるといっても過言ではない、と思います。そこで、風姿花伝が、役者の心がまえを含めて能の演出とプレゼンテーションについて各所で詳細に述べていますので、そこから要点を探っていきます。「風姿花伝の第三　問答条々」は、芸の実力を発揮する工夫や方法を問答形式（Q&A方式）で示していて、私達の社内会議やクライアントへのプレゼンテーションでの課題や悩みと共通することが多いと思います。その内容は、プレゼンテーションの際の重要な留意点と置き換えることができます。

プレゼンテーションのスタート　プレゼンテーションの場に臨んで、どのようなことに留意すべきなのでしょうか、まずプレゼンテーションを受ける立場で考えてみたいと思います。クライアントの責任者たちは、先ほどまで社内の別の会議で熱い討論をしてきたばかりです。社内会議に忙殺されてやっと解放された、その人たちがやっとプレゼンテーションの会場にやってきました。早速始めることになりますが、まだプレゼン会場はざわめきがあって、落ち着かない雰囲気のままプレゼンテーションはスタートします。クライアント側は、社運をかけた新事業に関する提案だから集中して聴こうと思うのですが、着席したばかりでまだ全体の様子がみえません。今、聴き手は構えています。オフィシャルな場で、プレゼンターの提案を一言も逃すまいと聴こうとしています。聴き手の表情は硬く、肩に力が入っているのが、プレゼンターの目に映ります。何とかして、この雰囲気を和らげたいものです。聴き手のすべての人たちが自宅の居間にいてセーター姿で話を聞いている、そのような雰囲気なら最高なのですが。最初よければ、終わりよし、ですから、なんとかよいスタートを、と願いたいものです。

提案者は、聴き手である意思決定者の気持ちに十分配慮しつつ、プレゼンテーションをスタートすることが肝要です。これまでこの件についてどのような検討をしてきたか、その結果、何がキーサクセスファクターなのか、提案者側はどのような役割を果たそうとしているのか、提案しようとしているのか、始めるに際してプレゼンターは心を静めて想い起こさねばなりません。このような状況は、しばしば体験することです。プレゼンテーションの冒頭では、聴き手の共感を誘う内容を語ること、聴き手が自然に耳を傾けるようにしたいものです。そして、これは序破急（この後、すぐに説明します）の序に相当します。

序破急（風姿花伝の第三　問答条々ヨリ）　風姿花伝では、序は導入部、破は展開部，急は終結部の意味につかっていて、物事すべてに序破急がある、と説いています。

観客が席に着いたばかりのときは、その人の心は少し前までいた世間の空気をそのまま運んできていて、まだ舞台を楽しむ態度と心の準備ができていない、と注意を促しています。そうした心の状態の観客に対して、いきなり幽玄無上の能をみせても、とても観客の気持ちを捉えることはできません。観客の気持ちが役者の演技に追いついていかないのです。観客の心の状態はまだ「序」ですから、最初は共感のもてる内容の曲、多くは神仏の霊験物語のような物を第一にやるとよい、と花伝書は説明しています。音楽会、コンサートでは、誰もが知っている人気の曲をはじめに演奏します。待ちに待ったコンサートがこれから始まるのだ、と期待に胸が膨らみます。それを聴いた聴衆は徐々に雰囲気に慣れてコンサートへの心の準備ができてきます。

序では、能の基本形、正統な演技を見せますが、破はこの正統な演技をやわらげていろいろ付け加えてわかりやすくします。人物が登場し感情の表現が加わります。観客の心が落ち着いて舞台に注意を向けられるようになったところで、かなり内容のある曲、たとえば源平の名のある武将が実は花鳥風月に心を寄せる文武両道の達人であったというような「修羅物」がよい、と記されています。これを「破」の中の序、破の序と考えてもいいようです。これを見て観客は、いよいよ舞台に集中してきます。

観客は全く浮世を忘れて舞台に集中できているのですから、この次には最も優雅な歌舞劇をみせます。多くは、源氏物語などの美人の恋物語を軸にした幽玄能となりますが、それは美しくて一面退屈な舞踏中心の能こそ、演者が最も力量を必要とする演目であるからです。観客は、演者の「わざ」を十二分に味わうことができるというものです。同時に、観客の力量、目が試されることになります。これが、「破（の破）」の段階です。これが済むと、観客は満足する反面、疲れてくるので、一転してわかりやすく面白く、テンポの速い、歌舞伎で言えば「世話物」、能でいう「遊狂物」を演じます。狂女物を中心とした「面白第一」の能、これが破の急に相当します。

そして、最後に、人間が悪神、鬼に克つという趣向の鬼物で締め括ります。急はフィナーレを飾るので、激しくたたみかけて、急調の舞、動きなど観客の目を驚かすやり方になります。能では、破の段階でいろいろ変化をみせ長く演じますが、急はただの一曲とします。こうした序・破・急の順序で、上演するのが最も効果的である、と世阿弥が記しています。

序破急については、世阿弥の芸術論として重要な花鏡（かきょう）の中でも、細かく示されています。この中で、「とくに貴人（クライアント）に召されて勤める能は予定が立ちにくい。そういうときはなお心得て、まだ後があるときの能は、たとえ途中で『急に相当する能（切能）』をお好みでやるにしても、心の中で控えめに余りはげしくなく、身七分動を心がけて、急の能をやれる余地を残すようにしなければならない」とあり、クライアントファーストを実感します。

太神楽（だいかぐら）　序破急の現代における具体例として、太神楽の海老一染太郎・染之助兄弟の曲芸を挙げましょう。兄弟が演じる曲芸の並べ方は、実に、この序破急の法則に適っています。導入部は唐傘を使って手堅くスッキリと演技をまとめ、展開部では二人が掛け合いで至高の芸を見せてくれます。弟染之助は、様々な芸を見せて汗をかいているのに兄染太郎は口ばかり、でも稼ぎは均等なんですよ、と観客を笑わせます。観客は二人の掛け合いを心から楽しみます。「わざ」に挑戦するだけにときどき小さな失敗もありますが（みせているのかもしれません）、最後に一発だけ大きな芸を見事に決めてサッと引き揚げます。導入部も、最後も、同じ演技を二つ続けてやろうとはしないで、展開部での演技を豊富に目先を変えてやってみせてくれます。経験から編み出した技法が、見事に序破急になっているというわけです。

大衆に愛される芸　芸能は庶民から愛されなければ存続しません。芸能は庶民の心をやわらげ感動させ幸福感を豊かにすることによって人の寿命を延ばす妙法といわれています。気品・洗練の極に達した演者が、一流の教養と鑑賞眼をもつ観客に認められるのは当たり前のことです。本当に上手な役者で、心得のある人は、目利きの客にも低級な客（まだ、優れた芸を味わうまでにいたっていない人達と解釈すべきでしょう）にも面白いとみられるような能を演じなければいけません。名手は、人のお好みしだいでどんな風にも演じることができます。このような心得と実力を兼備した役者のことを、風姿花伝では至高の芸を演ずる「花をきわめた役者」といっています。しかし、低級な観客や田舎っぺ（能を初めて見る人という意味でしょう）の眼では、洗練された気品ある芸というものはあまり理解されないと思います。高級なやりかたばかりでは大衆から喜ばれなくなってしまいますので、低級な観客にも「なるほど」と理解できるように能を舞うことが大切です。どんな上手でも、大衆の人気に欠けていては「幸福増長のシテ」とはいえません。能は大衆に愛されてこそ、一座を保つ基盤があるのです。

自惚れるな　第五奥義で述べられていることは、初心者対応というよりも、上手な役者に対しての経験則と研究法の指導です。上手な役者といわれる人たちのなかには、芸に自惚れ知名度に頼ってこれという反省がなく、有名だけれども大衆からの支持が無い人が少なくありません。世阿弥は、奥義の最初のところで「当世の役者をみると、芸のたしなみがおろそかで余計なことばかりやっているものがいる。能を演じても、その場の人気とりや利益にとらわれて根本を忘れている。能の滅亡の時がきているのかもしれない」と嘆いています。世の中で有名になると、そのなかから道を踏み外す人が出てくるのは、現代も昔も変わらないということでしょうか。

大衆感覚を味方にします　プレゼンテーションに際して欠かせないものは、大衆感覚、大衆がもつ本音を洞察することです。なぜなら、意思決定というのは、実感、本音に基づくものだからです。本音とは、大衆が自然体で心の奥から真底思っていること、誰でも無理なく納得できること、いいかえれば大衆感覚です。多くの意思決定者がこの大衆感覚をもてずに、成功への道を選ぶことができないでいます。社内事情、制約条件、学歴や教養、体面などによって既成概念に縛られ、提案された内容を素直に聞くことができないのです。自分の考え方が障害となって、提案を理解しようという態度にならないことが原因です。したがって、提案者は提案の背景に存在する大衆を見方につけなければなりません。提案内容や言葉、表現方法を十分に吟味して選ばなければならない。同じことを表現するにしても、簡潔で平易でなければならないことは云うまでもありません。プレゼンテーション説明は理論的になりがちですが、理論的説明はできるだけ抑えてむしろ感性に訴えるようにするとよいでしょう。また、体面を繕ったり、駆け引きに走ったりしてはいけません。提案者側の無理は、聴く人にはなぜかはっきり映ってしまうからです。そして、結果として陽の目を見ることはないでしょう。

感動への誘いです　プレゼンテーションは説得（受け手側は納得する）であると同時に、聴き手の心の内側に楽しさと驚きをもたらし、共感できるものであってほしいと思います。その結果、究極的には聴き手に感動をもたらすものであれば、最高です。聴き手に感動をさそう要因として、「軽い驚き」「軽い笑い」「軽い同感」の三つがあるとききました。いずれも「軽い」というニュアンスに心を留めておくとよいようです。驚きや笑いが大きいと、驚きや笑いの部分だけが印象に残り、プレゼンテーションの内容を理解する際の妨げやノイズになるからです。これでは、本末転倒です。「軽い驚き」とは意外性であって、知らなかったが興味関心がもてる、意外な側面を説明されて納得する、そういうこともあるのかな、と聴き手の関心がぐんぐん提案内容に引きつけられていきます。また、「軽い笑い」は、親近感を醸成し聴き手との距離を縮める「はたらき」があります。同時に、聴き手の表情や肩の堅さをやわらげることができます。教会での牧師説教や講演スピーチの最初に、話し手が軽いジョークによって雰囲気を和ませるのと同じ効果です。聴き手との間にある垣根を取り払い、聴き手に対して心の架け橋を架けるというわけです。誰でも、笑顔をみることによって心が和み、その場の雰囲気は一段とよくなります。話す言葉が心地よく耳に入るので、提案もリラックスして聞いてもらえると期待できます。当然、話す側もリラックスできるので、さらに聞きやすいプレゼンテーションになるでしょう。

また、聴き手が既に知っている知識の整理をすること、整理された内容から当然誰もが引き出せる判断を述べるとよい、と思います。その内容は、何の抵抗も無く聴き手の内側に入っていくからです。と同時に、新しい視点からの発見を示すことで、聴き手の関心をもう一度高めることができます。発見した内容が当を得たものであれば、聴き手の共感と納得が得られます。これが、「軽い同感」に相当します。

感動は、心の動き、はたらきです。ソフト技術のプレゼンはどうしても理論や知識が優先しがちですが、むしろ人々が感じる楽しさ、喜び、やりがいなどの人間性、感性に訴えることを心がけるとよいでしょう。ソフト技術を用いる人や社会にとってどれだけ有益であるか、幸福感がもてるか、という側面を強調するのです。そのプレゼン・ストーリー（物語）が良く準備されて聴き手の人間性や関心事に適合すれば、感動への道は必ず開かれるものと確信します。

環境と経験　プレゼンテーションとは、話し手と聴き手とのやりとりです。そこで、「集中力と反射神経」が大切になってきます。聴き手の表情や態度をみて、今聞き手の心の中にどのような動きがあるかを、的確に感じ取れなければなりません。そして、聞き手の態度や心の動きに応じた説明トーンや内容をその場で工夫できるようにしたいものです。役者は観客との真剣勝負である舞台経験によって磨かれた反射神経が、これを可能としています。プレゼンテーションについては本や講師の説明によってその要領を頭では理解できても、プレゼンの実際の場ではなかなか教わった通りにできないのが普通です。プレゼンテーション能力は、実践的訓練とその場数（ばかず）によって磨かれるものなのです。いろいろな場面、局面での経験、成功と失敗を積み重ねて、初めて自分の能力となることを伝統芸能は教えていると思います。

計画やシステム化のためのソフト技術の理論は教えることはできても、ここでいう集中力、反射神経に相当するクライアントへの対応力、プレゼンテーション能力は、仕事の実践のなかで培われるものです。内弟子、あるいはアシスタントとして仕事を教わり、手伝いながら絶えず先輩師匠に接することが肝要です。先輩師匠とともに悩み、汗をかく、その環境と経験の中から対応力、プレゼンテーション能力という実践力を身につけていきます。従来は、技術や方法など表現できるものを中心に、技術を他者に伝えようとしてきました。もちろんそれはそれで大変重要ですが、実践力を養うには先輩師匠と同じ時空間を共有するという仕組みが、技術の移転、伝承には欠かせません。この点についても、芸能世界に学ぶことが多々ある、と思います。

芸能と技術

芸能と技術とを比べてみると、共通する特徴、内容があります。極めて属人性が強く、個人がもつ能力に負うところが大きいことです。属人性が強いだけに、個人のもつ能力を他者に伝えることが難しいことがわかります。そこで、芸能では、伝承のために「型」を用いました。技術移転の際にも、マニュアル、フォーマット、プログラム、設計図、方法論などの「型」に相当する手段がありますが、こういう手段を用いれば仕事ができるかというと、それは無理です。芸能の場合と同じです。

わざが伝わらないと　技術の中にも、表現できる手段つまり型の部分と、ノウハウが人に附いたままになっている「わざ」という暗黙知があります。その人がいなくなると、その技能、ノウハウも一緒になくなります。芸能の場合は、後継者がいなくて、そこで流派が消滅してしまうこともありました。ビジネス世界でも、これまで培ってきた技術、経営、マーケティングが消滅してしまうことは、企業が市場での戦いから降りる、つまり敗北を意味します。しかし、それでも、そういう現象を目の前にしても、「技術を型として捉えること、型として技術を表現し教えること、その上で「わざ」をも伝承すべく後継者が自習、自得できるように環境を整備すること」を見逃している例がたくさんあります。今こそ、型と「わざ」を伝承する知恵を、芸能から学ぶべきです。

学習方法　さて、両者の比較を表に示しました。学習の方法、わざの習得、アウトプットそれぞれについて個別に見ていくと、両者の性質がきわめて似ていることが分かります。学習方法では、一対一で師匠から教わる稽古修業と研究開発、舞台とプレゼンテーション経験の積み重ねで成長すること、自ら工夫するなど、が共通していますが、ひとつだけ微妙な違いを発見しました。それは、芸能は五感で学ぶことを優先しますが、技術は理論、理屈から学んでいくことの方が多いと思います。

しかし、技術を現場に適用しようとするとき、現場を正しく理解し上手に適合させていくような現場発想が必要です。新しい技術、経営、マーケティング適用に際して五感の働きが欠かせない、という実体験をもつ人は多いでしょう。したがって、技術の学習方法としても、五感、そして第六感、研ぎ澄まされた直感の働きを活発にする環境を整えること、理論、理屈に偏らないようにすることを提案します。このためには、集中討議、事例学習や徒弟制度、協働作業がよいでしょう。芸能も技術も、張りつめた緊張のなかで、教える側と学ぶ側とに真剣さ、熱意と能力、継続性など多くの条件が必要とされることが共通しています。

表2－2　芸能とソフトな技術の比較

	芸　能	ソフトな技術
具　体　例	歌舞伎、狂言、能、舞踊、謡い、人形浄瑠璃、花、茶 音楽、楽器、作曲、作詞 噺家、幇間、大相撲、武道（剣道、柔道など）	経営戦略 マーケティング戦略 事業プラン、システム設計、業務計画 自動化装置の制御プログラム 精密工作機械 機器の開発製造工程そのもの 開発計画書、運用マニュアル
学 習 方 法	**五感で学ぶ** 師匠の動作を真似て学ぶ 師匠の物語りから学ぶ 集中して学ぶ 練習、稽古、本番の舞台に積み重ねで体得する 自ら工夫する	**理論、理屈で学ぶ** 仮説をたてる サクセスストーリーを描く 事例から学ぶ 互いの議論から学ぶ 先輩と長時間行動をともにして学ぶ 研修、OJT、仕事（本番）の積み重ねで体得する 自ら工夫する
わざの習得	厳しい稽古を重ねていくと、突然勘どころがみえてくる 達人、名人の舞台(本番)に接して芸のヒントを得る 舞台(本番)を経験するたびに成長する	没頭して考えていくと、突然アイディアがひらめく 他の事例やできごと、人の話から解決策のヒントを得る 厳しい仕事をするたびに成長する
アウトプット	動作（舞台）・作品 脚本、台本 虎の巻、花伝書 取り扱い心得、覚書　（肝心なことは書いてない）	開発された機器、設備 プレゼンテーション および計画書 開発計画書 設計書・鳥瞰図　戦略案 コンピュータプログラム マニュアル　（ベテランでないと、理解できない）

技術の「わざ」習得　アウトプットは、芸能では演じた舞台演技、できあがった作品です。技術の場合も、技術を適用した後の成果です。ともに、稽古修業と訓練という長いプロセスの後に成果が与えられます。そして、本番である舞台経験、あるいは現実の仕事経験を積み重ねていくことで、「わざ」はさらに磨かれます。アウトプットとしての芸能は舞台演技になりますが、名人達人の舞台芸は見て聞いて味わうことはできても、弟子たちは真似するだけでも難しい、ましてや「わざ」を盗む、などということは簡単にできるものではありません。同様に、技術の達人による説明を聴いて感心することはできても、どのようにしたらそのようにできるのか、簡単にはわかりません。芸能には花伝書、覚書など芸能の何たるかを記したものがありますが、これを読んだだけで演じることはできません。ソフトな技術も、また、マニュアル、開発書、設計マニュアル、設計図、企画設計の手引きなどをみても、即現場に役立つ仕事ができるわけではありません。いずれも、修業と現場を多く経験して、はじめてコツやノウハウという暗黙知を身につけることができます。

技術にも、型と「わざ」がある　芸能と技術とは、多くの共通点があることがわかりました。芸能での演技は「型」と「わざ」の結合です。そして、人間の頭脳が考案する技術は、まさに芸能の演技に相当する、と考えます。技術の中から特定の性質を表現できたものが、技術の「型」です。つまり、型は他者に伝えられるように表現したものであって、技術の中から切り出した技術移転可能な部分です。一方、「わざ」は、名人、達人が会得した無形文化であり、名人、達人だけがその技能を発揮できるもので、きわめて属人性の高いものです。したがって、師匠が自分の「わざ」を弟子に教えようとしても、弟子はその「わざ」をそっくりそのまま継承することはできません。弟子は、自分の能力を高めて「わざを盗む」しかありません。「わざ」は、弟子の側が自得するしかない技術といえましょう。したがって、技術も、芸能と同様に、他者に移転可能な部分と移転できずに他者が自ら自得するしかない部分の二つがあることに注目したいと思います。

優れた型を創る　技術の移転、伝承のためには、「優れた型」を確実に移転すること、そして移転された型をしのぐ新しい型を創ることに挑戦し、優れた型に創り変えていく努力の積み重ねが必要です。そうしなければ、時代の変化や市場のニーズに対応できず陳腐化の道をたどるしかありません。絶えず、技術革新が必要なのです。

環境の整備　同時に「わざ」を自得できるような環境を整えることが大切であることを、日本の伝統芸能の知恵から学ぶことができます。技術の移転、伝承がきっちり行えるかどうかは、移転する側の人たちの能力、人間性、心がまえや熱意が大きく影響します。同時に、移転される側もまた、基本能力、積極性、真剣さ、研ぎ澄まされた感性などが求められます。そして、両者の人間的交流を円滑にする体制と作業環境が技術移転の成否に大きな影響を与えることは云うまでもありません。

高度な技術は、たやすく後継者に移転、伝承することはできません。教授法を工夫し丁寧に説明すれば、移転される側はその技術特性を「理解することはできます」。しかし、直ちにその技術の特徴や価値を生かして作業現場の向上に結び付けることは難しいでしょう。移転される側が、厳しい訓練環境の中で切磋琢磨し繰り返し経験することによってその技術を自分のものにしたときのみ、技術移転が実現します。師匠の「高度な個人技を盗む」までに自分の技術を高めることが、移転への必要条件です。つまり、移転に際しては、伝授する側も伝授される側も、高度の緊張感のなかで真剣勝負を行うことが求められます。また、伝授、伝承の方法の更なる改善と工夫を絶えず行なうことは当然です。改善と工夫を繰り返すことによって暗黙知伝承が可能になるに違いありません。

第3章

まなぶ、きわめる——ものづくりからマーケティングまで

電通のＤＮＡ

電通の鬼十則　電通の仕事は、クライアントの抱える広告コミュニケーション問題を解決することです。クライアントの広告コミュニケーション問題は常に新しく様々で、これまで経験したことが無いものばかりです。したがって、その都度、担当チーム全員で知恵を絞り解決案を作成します。クライアントからＯＫが取れたら、これを実行します。これらの一連の仕事は、電通独特のやり方で実施されます。現在では少しずつ変わってきているでしょうが、それでも電通ＤＮＡは脈々と受け継がれています。若手でも三～四年の経験があれば仕事を任せますが、新人にはとても無理で任せることはしません。基本的に先輩が新人に仕事のやり方を教えないからです。新人は、先輩社員と行動を共にすることによって仕事を身体で覚えます。指示されて失敗すれば烈火のごとく怒られますが、失敗理由は詳しく説明してくれません。自分で気が付くまで分かりません。今の時代に逆行しているようですが、これが電通の独自性です。

電通には、四代社長　吉田秀雄が定めた「鬼十則」という十か条の社員行動規範があります。一つずつは簡潔に表現されていますが、厳しい内容です。その内容は、

1. 仕事は自ら創るべきで、与えられるべきでない。
2. 仕事とは、先手先手と働き掛けていくことで、受身でやるものではない。

3．大きな仕事に取り組め、小さな仕事はおのれを小さくする。

この調子で、あと七か条続きます。すでに感じ取っていただいたと思いますが、通常の仕事の概念をはるかに超えています。通常、仕事はクライアントや上司から与えられると思っています。しかし、「そうではない、仕事とは自ら創るべきである」と「広告の鬼」（吉田社長）は言っています。この思想、感覚を新人が体得するまでには、相当な経験と時間が必要です。

自分の立場が苦しいときこそ、こちらから先に働きかけて新しい状況をつくっていかねばなりません。先手必勝です。そして、大きな仕事は難しくわからないことが多いので、誰もが避けて通りがちですが、これを戒めています。大きな仕事を経験すると、成長してその人の器が大きくなります。鬼十則は、社員が仕事を前にして判断に迷い悩むときに、後ろから後押しをしてくれます。行動の規範であり判断基準です。電通のＤＮＡは鬼十則で、鬼十則で行動する、それが電通の社風となっています。鬼十則が、確実に先輩から後輩へと受け継がれています。電通で、学び残すべきは鬼十則です。

現証券システムを廃棄し、新システムを開発　コンピュータシステムでの技術継承にも、大きな課題が迫っています。団塊世代はコンピュータが導入される一九六十年代後半に入社し、業務にあわせたシステムの開発を担ってきました。コンピュータシステムが果たしている業務の根幹を知り、業務の発展と共に歩んできました。一方、団塊世代以降の人たちはシステムの改良だけを担ってきたので、業務の根幹を知る機会がありませんでした。したがって、現在のシステムに何らかの障害が発生した場合、残された人たちでは適切な対応策を打つことができません。このリスクは企業にとって極めて大きいといわざるを得ません。そこで、ある証券会社は、抜本的対策として、現システムを廃棄して新システム開発に着手しました。新システムを開発するためには、若手が改めて証券業務の一つ一つを学び取ることが必要です。開発費は数百億円、期間十年ということですが、万が一のダメージを考えるとやむを得ないということです。

こうした例は、各企業、各分野で必ずあると思います。今からでも、団塊世代のノウハウを後進に受け継ぐ対策を講じなければなりません。そうした場合、業務のノウハウである暗黙知を、如何に伝えるか、後進に残すか、が大きな鍵を握っています。

ものづくり業の場合

電通では、次代へ鬼十則を伝えています。証券業では、現在稼動中のシステムを廃棄してまで、もう一度業務システムを費用と時間をかけて新しく開発しています。この開発業務によって、若い人が業務ノウハウを学ぼうとしています。

それでは、ものづくり業は、技術進歩が早く競争がますます厳しくなっていく中で、何を次代へ引き継ごうとしているでしょうか。モノづくりの技術は、これまで次から次へと機械や設備へ移ってきましたが、機械化の見本となっているのはベテランの技術でした。ベテランが定年などで退社すると、新しく機械をつくることができなくなります。さらに、機械を稼動させるノウハウも一緒に退職してしまうので、若い人が技術を受け継がねばなりません。

人のわざを機械（ロボット）に教える　コンビニのおにぎりは、機械で握られて商品になっています。そのわざ?は実に巧です。テレビでその様子を見たので、簡単に紹介します。先ず、

①大量の炊きたてごはんが機械に入ります。

②おにぎり一個分のごはんが分けられて、ベルトコンベアー上の小さな容器に次から次へと入ります。

③容器に入れられたごはんは中側が広げられて、そこに具（たとえば、梅干）が押し込められます。

④その上からごはんがのって、ちょうどふたのようになります。

こうして、おにぎりの中側はふっくらと、外側は握った状態になります。おすしのロボットで見たことがありますが、この握り具合が非常に難しいのです。ロボットが何かを握ったとき、ロボットの手の内側が感じる圧力で握り具合を調節します。たとえば、コップを握ったとき、やわらかく握ればコップは持てませんが、強く握るとコップは割れてしまいます。おにぎりは、握りずしほどデリケートではないでしょうが、容器に入れるごはんの量や中に入れる具のタイプによっても、中側を広げる強さ、深さを調節しなければならないでしょう。きっとおにぎりの名人からそのコツを十分に教えてもらって、この機械は開発されたと思います。

おにぎりを海苔で巻きますが、この方法もまた優れたアイディアからです。ごはんがくっつかな

いように特殊なフィルムで海苔とごはんの接触面を守ります。おにぎりを食べるとき一つの矢印箇所を引っ張ると、特殊フィルムが簡単にはがれて海苔で包まれたおにぎりが出てきます。どのような仕掛けになっているのか、不思議です。ふつう、手でおにぎりを海苔で巻くときは、海苔が下でおにぎりは上になります。

⑤機械の場合は逆で、おにぎりは下から海苔は上からやってきます。おにぎりが下から押し上げられて、海苔が上から押さえ込むように包み込んでできあがりです。（海苔が下側を包み込むために空間が必要なので、逆になっているのです。）

ご飯が機械に入れられてから海苔で包まれたおにぎり商品になるまで、わずか二十秒です。

巧（たくみ）の技も機械に　人がやっていることを機械に任せると同時に、巧のわざも機械のメカニズムに取り入れられています。先ず、おにぎりの中側はふっくらと、外側はしっかり握られているように、そうでなければおにぎりではありません。また、海苔でおにぎりを包むにはどうしたらよいか、ご飯と海苔がくっつかないように、かつ、食べるときに簡単に特殊フィルムが剥れるようにするには、きっと巧の技を研究したことでしょう。ここまでくるには、大変な試行錯誤があったと推察されます。一度出来上がった機械設備を、さらにヴァージョンアップすることによって競争を乗り越えていくのが、企業です。コンビニのおにぎりの場合、女性用にもう少し小さいおにぎりを販売したい、と仮定します。そうすると、この機械を造り変えなければなりません。最初に開発した人がいればよいのですが、何らかの事情、たとえば定年退職があって、もうその会社にはいないとすると、大変です。また、ゼロから始めなければなりません。「人の技術を機械に任せる技術」の移転、伝承が必要です。

団塊世代が退職で技術が危機を迎える　二〇〇五年九月十四日のテレビ番組『ニュースステーション』が、二〇〇七年問題を取り上げて企業の技能継承が危うくなっている、と伝えました。団塊の世代が退職するので、企業の競争力が失われます。団塊世代は、高度成長期に優れたメイドインジャパンを創りだし、世界に送り出してきました。その卓越した技能が定年退職によって企業から失われるので、日本経済に大きな影響を与えます。

工場がノウハウを受け継ぐ　自動車メーカーのマツダは、工員の二十%が団塊の世代です。現在の生産工程はそのほとんどがロボットによる精密な作業になっています。団塊の世代は、オートメーションが導入される前に入社し、現場技術を習得しました。ロボットの手本は、高度の技術をもった団塊世代までの人たちです。そして、ロボットを活用するためには、ロボットへ最適値を入力します。高度な技術をもった工員が熱処理加工で加熱温度などの数値を測定し、この最適値を割り出します。その技術が後進に受け継がれていないのです。

実際にどれだけベテランと若手に腕の差があるかということで、団塊世代と若い人がネジ山の研削を行いました。先ず、形状を見ると先輩はネジ山が均一であるのに対して、若い人のネジ山はキズだらけでばらついています。そこで、研磨したネジをナットに組み合わせてみますと、先輩のものはきちっと嵌（はま）りますが、若い人のはガタガタで合わず使い物になりませんでした。このような技術では、ロボットへの入力データを割り出すことはできません。そこで、マツダは、一九九六年に社内に技能研修塾を設置し、若い人を現場から二年間はずして毎日八時間技能研修を実施しています。後輩へ伝授すべき技能を二十四部門に分けてそれぞれ後継者を育てています。理論と実技の両面から、頭と身体で技能を覚えるように指導しています。

団塊世代の技能者が、定年後の生きがいとして中国に働き場所を求めています。この結果、団塊世代のノウハウは、中国人に受け継がれることになります。しばらくすると、中国の製造技術が日本を圧倒するかもしれません。こんなことでよいのでしょうか。

不二越の技術伝承は、早めにやってきた

不二越は、工具、軸受けから工作機械まで多彩な製品群を手がけています。好景気だった一九六〇年代初めに社員を大量に採用しました。その結果、二〇〇二年から〇四年にかけて全社員の三割に当たる約千人が定年を迎えることになりました。不二越は大量採用の後、採用を減らしたためベテランの技術を受け継ぐ社員が極端に少なくなってしまったこ

表3－1　各企業の技能研修例

企　業　名	研修名称	商品分野
マツダ	技能研修塾	自動車
石川島播磨工業	巧道場	ジェットエンジン
ヤマハ	From to 運動	楽器
日立製作所	e-マイスター	電気製品
ダイキン	マイスター制度	エアコン

とも事態を緊迫させました。そこで、〇一年に、「マイスター制度を設置し、機械化や自動化できない高度な技術を伝承する」ことに取り組みました。高い技能をもつマイスターの承認とその技能を引き継ぐ弟子を指名するというやり方です。誰が誰に技能を伝承するのか、を明確にしている点が、伝統芸能での芸の伝承法によく似ています。学校方式ですと、誰がどの技能を引き継ぐか、はっきりしません。教える側も教わる側も緊張感をもって取り組めるのが、マイスター制のよい点だと思います。

競争優位をもつ製品群の技術を次の世代へ　不二越の二〇〇五年度の連結売上高は一七六〇億円で、軸受けが三割、工具と油圧機器がそれぞれ二割、ロボットや工作機械が一割ずつの構成で、製品群が多種多様という特徴があります。したがって、各分野で競争優位をもつ製品を積極的に拡大する経営戦略をとっています。たとえば、材料技術を生かした高機能軸受け、競合の少ない特殊な精密工具、超大型ロボットなどへの投資を進めています。「競争優位をもつ製品群の技術」を、次の世代に受け継ぐことができなければ、不二越の経営戦略は実現できません。世間より早く迎えた不二越の人材育成と技能伝承は、「不二越の生命線を握っている」といっても過言ではないでしょう。

復活しつつある技能集団　不二越は社員をアソシエーツ（仲間）と呼んでいます。このような開かれた社風が不二越の技術伝承を育んでいるのだと思います。不二越は、〇四年にグループ全体の研修やトレーニングを企画、運営する専門会社「不二越アソシエ」を設立しました。更に、不二越ものづくりカレッジを創設し、地元富山の大学との産学連携も図っています。この結果、機械保全や加工などの技能士受験者数は、〇三年度に比べ十二倍の八三六人、合格者数は八倍の二五一人に増えました。〇七年度には、受験者数千人、合格者数三百人までに伸ばす計画とのことです。九〇年代に八〇〇人台だった技能士が、〇三年度には五六六人に落ちこみ〇七年度には七三三人に戻しました。不二越の技能士数は着実に復活しています。

マイスター制度でも、〇六年度内にマイスター三十五人と弟子三十五人が技術伝承を完了し、次は技能を受け継いだ弟子たちが更に伝承を進めることになります。なお、世界のトヨタでは、マイスターが弟子に教えている様子をそばにいて評価、アドバイスするマイスターのマイスターが大きな役割を持っています。特に、マイスターと弟子との人間関係に実に丁寧な配慮をしています。通常、マイスターが弟子に「分かりましたか」と聞くと、弟子は鸚鵡返しに「分かりました」と答えるものです。世界のどの国の従業員もそのように答えます。しかし、本当に弟子が理解しているかどうか、疑問です。弟子が十分に理解していないことが多いので、マイスターは弟子の表情を見ながら理解しているかどうか、確認していかねばなりません。この様子を、マイスターズマイスターはひとつ一つ丁寧に見届けています。きっと、不二越も人間味豊かな技術伝承が行われているに違いありません。

三菱重工・高砂製作所と技能五輪

発電用ガスタービンや蒸気タービンを生産する三菱重工業・高砂製作所では、技能教育に力を入れています。三菱重工が、技能教育に力を入れるようになったのは、自社の様々な事故、トラブルの背景に技能低下が見られるようになったからだ、ということです。二〇〇二年に長崎で客船火災事故が起きましたし、タービンなどへのクレーム対応で年間数百億円の追加コストが発生しました。「会社全体の現場力や世代間のコミュニケーションが弱くなってきた」という危機感から、各事業所で技能教育を強化しています。特に、高砂製作所の取り組みは、中でも熱心であったといえます。高砂製作所では、新入社員の中から選抜された約一割の人達が「技能五輪全国大会（中央職業能力開発協会などが主催）」に向けて技能訓練を集中的に受けます。技能五輪の出場種目は、①旋盤などの機械加工、②やすりがけを主とする機械組み立て、③電気溶接、④ガス切断などの構造物鉄工、の4種目で、若い人が技を競うイベントです。

ウデとカンが頼りのやすりがけ　タービンは、百分の一ミリメートルの精度が品質を左右するので、細かなミスも決して許されません。たとえば、機械で削った金属を最後に仕上げるのが、やすりがけです。粗目のやすりで大まかに削り、目を細かく変えていきます。すこし削っては赤い色を塗った台に削った面を当て、平面度を確かめます。赤い色が付いていれば凸部、色が付いてなければ凹部なので、赤い部分を削って平面にします。これを繰り返します。技術者のウデ、カンが試されるわざです。エネルギー需要が高まる中で、タービン受注は増えています。やすりがけ、のような仕事を丁寧にこなすことが、競争に勝つ確実な方法であると高砂製作所は考えています。高砂製作所が五輪に取り組む、もう一つの理由は「自分で考え、改善できる人材を育てる」ことです。教わらなければ何もできない、何もしないでは、仕事とはいえません。社員が自ら考え工夫をして、新しい仕事ややり方に取り組むことが望まれます。

一対一の技能塾　技能五輪のための訓練を基礎編とすれば、現場で個々の作業にあわせた技能を学ぶ「技能塾」は実践編ということになります。高砂製作所の技能塾では、一対一の実習で新しい技能を身につけます。たとえば、設計図を基に鋳物などに加工場所の目印をつける「けがき」の技能を受け継いだ技術者は、「仕事の幅が広がった、他の技能も習得したい」と技能塾の成果を語っています。こうした一対一の技能伝承は、伝統芸能における芸の伝承に見られるやり方です。基礎編は学校方式でも可能ですが、技能の伝承は師匠と弟子という密接な師弟関係があってこそ実りある成果が期待できるといえるでしょう。このほか、安全、品質、商品知識を学ぶ「原生塾」、失敗の事例と原因を学ぶ「基伝塾」など目白押しです。

松下「ものづくり大学校」

松下電器産業のものづくり大学校は、ピーク時の六十年代は年間二百人を超す卒業生がいましたが、九〇年代以降は二十人程度まで減少しています。人件費削減を目的にした生産拠点の移転で、国内の生産現場では三十歳以下の人間がいなくなってしまったからです。「このままでは、ものづくりの現場が崩壊してしまう」という危機感から高専卒の採用を再開して、「彼らに一年間の住み込み生活を通して、技術を伝承する仕組み」が復活されました。これが、松下のものづくり大学校です。座学の講義は、機械系であれば製図から、実装、樹脂成型から三次元ＣＡＤ（コンピュータによる設計）、油空圧制御など、電気・情報系は資格認識、ＬＡＮネット、管理・ものづくり系では品質や原価、生産管理、セル生産などを学びます。

クリーンルームが鍵を握っている　ものづくりの現場を実感できるのが、「クリーン化技術の授業」です。ちりひとつない空間をつくるのですが、ごみをルーム内に持ち込まないノウハウの講義の後に、実際に擬似クリーンルームを体験します。手をたたいただけで、こんなにチリがでている、を実感します。そして、半導体やプラズマディスプレーの製造工程でもしクリーンルーム内作業でちりが出れば製品はもう市場に出せないと、厳しい説明が加わります。

現場で巧の技を見ることがない　いまの現場では、どこも名工が巧（たくみ）の技を発揮する場面が少なくなり、伝承の機会そのものが減っています。人の手から技術が自動化機械へ置き換わっているからです。一方で、技術流出を防ぐためには、治工具など設備・装置の内製化の必要が高まっています。生産効率がよく、無駄の無い製品をどのようにつくるか、そのアイディアは現場からしか生まれない、とものづくり大学長の清水先生は断言しています。とくに、デジタル商品は短い商品サイクルのなかで、値ごろ感と高品質を両立する商品をいかに迅速に市場に送り出せるか、生産現場の現場力しだいである、ということです。

シャープのモノづくり塾

シャープ商品は、目のつけ所がいい　私は、三十数年前からシャープ商品の独自性を感じてきました。結婚当初、シャープの一体型テレビビデオを気に入って購入しました。そのころのビデオは様々な機能が加わって価格も二十万円と高いので買い控えざるをえませんでした。私は、テニスを中心にスポーツ番組を録画できればよかったので、シャープの十二万円という手頃な単機能ビデオ発売にすぐ飛びつきました。また、電気洗濯機もシャープです。雨天が続くと乾燥機が欲しいのですが、そのころ乾燥機は洗濯機の上に設置するタイプばかりでした。洗濯機置き場で高さが必要なこと、上にあるので妻がやりにくいなどで敬遠していました。しかし、シャープは乾燥機を洗濯槽のヨコに配置する一体型を売り出したので、さっそく購入しました。一人住まいの母が冷蔵庫を買い換えたいと言ってきたので、左右どちらからもドアが開くタイプを購入しました。いずれの商品も、よくこんなところに気がつくなー、目のつけどころがいい、のがシャープ商品です。

人の潜在能力、資質、文化を育てるシャープ　シャープは全社一丸となって、要素技術を開発、設計環境を整え、工場を進化させる取り組みを実現しています。さらに、情報ネットワークにより情報を共有化し、経営トップから現場の社員までがそれぞれの立場で的確な判断を下せるようになっています。しかし、どんな優れたシステムや環境があっても、最終的には人の判断、能力がすべてに優先します。したがって、人を育てなければなりません。シャープでは、モノづくりを支援する仕組み構築に取り組めば取り組むほど、様々な局面で「人材の養成、教育」の重要さが浮かび上がってきた、ということです。

特に国際競争が激化する中で技術者、研究者の考え方を比べると、日本は模倣、即効重視に対して、欧米は独創、戦略的という大きな違いが見られます。このままでは日本の研究、開発は、欧米に太刀打ちできなくなるかもしれません。どんな優れた製品や工法であっても六～八年、開発体制といえども十年でキャッチアップされてしまう、といわれています。ところが、人間の潜在能力、資質、文化といった分野は、おいそれと模倣できるものではありません。企業競争力を向上させるためには、人の潜在能力、資質、文化を育てることが最優先されるべきでしょう。

シャープモノづくり塾の設立　そこで、シャープは、自社が築き上げてきた「ものづくり」に対する考え方、技術・技能、ノウハウを含む「設計知」を組織的に伝承するために、一九九七年「モノづくり塾」を設立しました。その狙い、コンセプトは、「シャープと分かる製品（きっと私が注目した、目のつけどころがよい製品のことでしょう）づくり」の出来る人材育成、です。「設計知」とは、伝統芸能が培ってきた「型とわざ」に相当します。ものづくりの考え方が明示されて、個々の技術、技能が「ものづくりの考え方」に従って体系化されている、いわゆるメソドロジーができているように思います。

組織内各部門ごとに蓄えられていた技術・技能が全社員の前に開かれ、それぞれの技術・技能が融合し体系化されれば「シャープのものづくり総合力」は飛躍的に向上するに違いありません。シャープのモノづくり塾では、知識の習得を目的とした集合型研修と、知恵の習得を目的とした現場一体型研修があります。技能・ノウハウを伝承する現場一体型研修に注目したいと思います。

レインボウライン　シャープは知識と知恵とを区別します。知識とは技術・技能の着実な伝承を行うもの、知恵とはひらめきを通しフェースツーフェースにて伝承されるものです。その知恵の中に「レインボウライン」がありますが、これはいわば「ものづくり」の駆け込み寺です。生産現場で問題が生じたとき、その分野のハードウエアとソフトウエアの技術者が一組になって現場に派遣されます。現場では、現場担当者と事態の確認と検証をします。技術者組は、その結果を塾へもち帰って解決案を検討します。現場とモノづくり塾の「協創」によって問題を解決するという手法です。この方法で、これまで六十数件の問題解決実績を得ているということです。この数字はその当時のものですから、現在までにさらに多くの実績がでていることでしょう。実際の問題解決に取り組むことは、最も効果が期待できる研修です。現場の問題を解決するという実務研修を通して知恵が豊かになります。と同時に、シャープでは、「設計知」であるこの問題解決事例をデータベース化して、組織全体で豊かな知恵を活用しています。もう一つ設計知の伝承例をみてみましょう。

三次元設計革新リーダーの育成　デザインから金型製作まで、三次元データをリンクさせた三次元設計研修です。三次元ＣＡＤと解析手法（シミュレーション）を習熟することによって、単なるＣＡＤオペレータではなく設計の真髄を知るキーマンを育てようとしています。通常、商品イメージというものは人間の頭の中に三次元で存在していますが、それを設計段階で表現しようとすると、二次元図面三枚になってしまいます。これは、これまで培われた方法にすぎません。

三次元設計とは、最初から最後まで三次元で表現しようとするものです。二次元ＣＡＤから三次元ＣＡＤに移行すると、データ量は爆発的に増えるので仕事量も増えることから最初は設計者からかなりの抵抗がありました。しかし、徐々に成果が出てくることによって設計者にも三次元設計が理解されるようになったということです。また、シミュレーション結果についても信頼できないという設計者が多くいて、並行して実験をつづける人もいました。しかし、シミュレーション結果の精度が向上して実験をしなくても済むということが分かってきて、設計者も楽になりました。三次元設計もシミュレーションも、設計者にとって最初はとっつきにくい手法であったことでしょう。しかし、優れた設計者は、自分の頭の中に当然三次元で商品イメージをとらえて設計に工夫を凝らしたに違いありません。三次元ＣＡＤとシミュレーションによって、ベテランのわざ、ノウハウを再現した例です。

設計知伝承を支援する実務研修　三次元ＣＡＤをマスターできたからといって、すぐに現場適用できるかというと、きっと課題は残るでしょう。実際に三次元ＣＡＤをどのように設計に適用するか、というノウハウ部分（ノウハウのノウハウのようなものです）については、当初はベテランの助けを借りることになるのかもしれません。しかし、この三次元ＣＡＤをマスターすることによって、一段と早く一人前の設計者に育っていくことが期待できます。「設計知は、かなり伝承された」ということでしょう。

モノづくり塾の効果　これまでシャープの技術伝承は生産や設計といった各部門内で行われていたのですが、モノづくり塾によって各技術者が会社全体の「モノづくり」を理解できるようになりました。各部門固有の技術が組織のヨコに伝わっていくので技術者の知識が広がり、シャープ全体の技術で問題解決を考えるようになりました。これが、モノづくり塾の成果です。

シャープでは、各分野での手法やノウハウが文書化、ＣＤ－ＲＯＭ化され、イントラネット上でも利用ができます。今後も設計知を積み重ねてデータベースを充実するためには、幾つかの課題があります。まず、技術者が自分の知識やノウハウを文書化するには、手間と時間が必要です。また、文書化して外の人にも利用、活用してもらいたい、という動機付けも欠かせません。技術者が体験しているすばらしい体験を文書化してもらうことは決して簡単なことではありません。シャープでは、ある年齢に達したら、自分のノウハウをまとめることを専門の業務にする仕組みも、これから検討していくようです。

シャープ事業の発展を支えるモノづくり塾　何処の職場でも、従来に比べて図面をひいたり旋盤でモノを削って、失敗を重ねる体験が少なくなっています。失敗をしながら仕事を覚えていくことができないのです。また、現場でベテランの技を直接見る、学ぶ機会も減っています。こうしたことから、技術者一人一人の技術力が低下しているのではないか、という指摘もあります。それは、様々な支援システム、工具や設備、環境が整備されて、技術者は既に出来上がった状況の中で仕事をしているからに外なりません。シャープでも、文書化、CD‐ROM化した技術内容をどのように現場に適用していくか、という新しい課題もでてきています。このように考えると、今後のシャープ事業の発展は「モノづくり塾」が担っている、といえそうです。

第3章では、ここまでものづくり業が、どんな技術をどのように次世代へ受け継ごうとしているかをみてきました。次に、企画プランニング業もまた、同様に企画のわざを次世代へ伝えようとしていますが、その動きはものづくり業ほど顕著ではありません。なぜでしょうか。それは、企画のわざを移転伝承することが難しいからです。ベテランが作成した企画書、設計書をみながらベテランの詳しい解説を聞いても、若手にとってなかなか理解の及ぶところではありません。一体、企画プランニングとは、どういうものなのでしょう。以下に、私の電通時代の経験からマーケティングプランニングのノウハウについて持論を説明したいと思います。

マーケティングプランニングの場合

マーケティングプランニング　プランニングでは、どのようにやるか（How to do）を計画するのではなく、何をすべきか（What to do）を計画するか、を優先しなければなりません。How to doは他人に相談できますが、What to do, つまり「私は、何をしたらよいでしょうか」と他人に聞く人はいません。その人でなければできないこと、その部門でなければできないこと、その企業でなければできないことを発見することが、プランニングです。何をすべきか、は他人に聞くことはできませんし、聞くことは恥ずかしいことです。そして、「何を」という解決目標を示せば、どのように解決するかは、他の人に考えてもらうことができます。組織や企業では、How to doを外部に発注して、自分たちでは考え付かない独創的な方法を提案してもらうことが実際行われています。

プランニングで始めにすること　プランニングを開始するにあたって、プランナーは最初に何をするのでしょうか。自分で実際やってみると、迷うことが多々あります。他人が作った企画案を批評することは簡単ですが、何も無い状態から企画作業を始めるのは案外難しいものです。情報を集めようにも、どのような情報を収集してよいか、わかりません。いたずらに時間だけが過ぎていくという、私にはもどかしい体験がいくつもあります。

熊笹を分けて進む　この状態は、人が余り入っていない山への登山に似ています。山道を登っていくと、次第に道は細くなり山道が途中でなくなっています。目の前には熊笹が茂っていて道らしい道はありません。熊笹を掻き分けていけば何処でも通っていけるような気がします。しかし、どの辺を通ればよいか、決め手となる判断材料がありません。獣道でもあれば、きっとそこを行くことでしょう。それも無ければ、自分で熊笹を分けて道を付けて進むことになります。その先に大きな穴があるかもしれません。決してたやすいことではありませんから、自分を励まし勇気を奮って前進します。プランニングとは、このように勇気というか、思い切りが必要です。もう一つ例を挙げましょう。

プランニングには勇気が要る　いま、キャンバスに向かって絵を描こうとしています。最初の一筆をキャンバスのどこにいれるでしょうか。真ん中からでしょうか、左上でしょうか、しばらく考えて、「えいやっ、真ん中からいこう」と決心して描くのではないでしょうか。

漠然と「何か」を感じていてそれを企画案として作成したい、というのがプランニング作業の始めです。したがって、「何か」のなかから一つを取り出して、それを中心に考えを進めます。あれこれと迷っているうちは、企画案はできてきません。勇気を持って、一つを選び出して真っ白な紙に最初の言葉を書かねばなりません。このあとは、最初に書かれた言葉に関係する言葉を次々と書き入れます。幾つかの言葉が書かれた紙は、一つの世界を提示しています。考えるべき問題が一つの世界として表現できたのです。この世界が、さきほどまで自分が漠然と考えていた「何か」に似ているようであれば、続けてこの世界を発展させていきます。もし、少しでも違和感を感じるなら、最初に書いた世界を捨てて別の白い紙を用意しなければなりません。ここでも、捨てる勇気が要ります。自分の実感と紙に書かれた世界が一致するようでなければ、プランニングはよいスタートをきれません。

なお、何人かでこの作業をブレーンストーミングでやると、自分では気がつかない言葉による別の世界が豊かに表現できます。しかし、この場合でも最初は自分ひとりでやって、その後何人かでブレストをやるとよいでしょう。外の人の意見によって自分の発想が左右されたり、制約されたりするからです。

マーケティングとは

消費者の立場で考える　マーケティングとは、商品やサービスを消費者に販売する活動を意味します。したがって、マーケティングプランニングとは、商品やサービスの消費者側メリットをどのように消費者に働きかけたら売れるのか、を企画するというわけです。消費者が商品に対してどんなメリット、デメリットを感じているか、消費者の立場に立って商品とその販売方法を考えるのが、マーケティングといってよいと思います。ふつう、送り手である企業の立場で販売を考えがちですが、マーケティングは受け手の立場で考えます。これは、意外に難しいことです。日常生活のなかでも、相手の立場で考え行動できれば、どんなに揉め事や争いは少なくなることでしょう。自分本位な考えと行動が先行するから、互いの間に行き違いが生じるのです。マーケティングの世界にも実例がたくさんあります。

シニアのための携帯電話　「簡単じゃないか！」、これはシニアのために売り出された携帯電話の広告メッセージです。携帯電話は、進化に進化を遂げて多くの機能をもっています。互いにメーカーが競争に勝つために、あるいは負けないために機能を追加してきました。多機能は送り手の事情だ、と思います。どれだけの受け手が、これらの機能を使いこなしているでしょうか。ましてや、シニアの立場に立つと、複雑すぎて使えないという現象すら出てきました。そこで、登場したのが、簡単携帯です。ＴＶコマーシャルからは、小林桂樹扮する老人の得意顔が印象に残ります。シニアのニーズに合った携帯電話、どうしてもっと早くから商品化しなかったのでしょうか。これは、消費者の立場で考えることが如何に難しいか、を示しています。

かなり前のことですが、ラジカセが登場したとき同じようなことが話題になりました。朝日新聞の朝刊漫画「フジ三太郎」に次のようなストーリーがありました。電気店の店頭で、三太郎がラジカセを前に大汗をかいています。ラジカセは多機能でたくさんのつまみがあるので、三太郎は理解できず混乱しているのです。フト、隣をみるとつまみの少ない簡単そうに見えるラジカセがあります。試してみると、いい具合です。三太郎の表情は明るくなり笑顔さえ浮かんでいます。オジサンにも使えるラジカセが欲しい、とこの漫画は訴えています。多機能化することで、あるタイプの消費者を失っているという警告といえるでしょう。二十年前にもこんな例があって、現在も同じようなことが起きています。受けての立場に立つことがこんなに難しいとは、と考えさせられます。

市場を創造する　マーケティングとは、市場を創造することです。消費者が気づいていない欲求を満たす商品やサービスを開発して消費者に提供します。消費者の欲求にマッチしたものだけが受け入れられて、そうでない商品は見向きもされずに市場から消えていきます。この面でも、消費者の立場から商品開発することの難しさを痛感します。あくまでも消費者欲求に合ったものだけが、サクセスストーリーとなります。こうした商品は、生活を便利にし、快適にします。もうそれなしでは暮らしていけなくなるというように生活に定着します。市場創造の代表例として、宅配便があります。

宅配便　宅配便が登場するまでは郵便を使っていました。いまや、宅配便は日常生活に欠かせません。何か荷物を送ろうと考えたとき、宅配便を最初に思いつきます。壊れ易いもの、品物が届いたかどうか確認したいもの、ゴルフ、スキー、冷凍したもの、単身赴任の洗濯物など、何でも宅配便を使います。郵便小包の不便を長い間辛抱していましたが、だれもこのサービス事業に気が付かなかったのです。宅配便がこのように生活に定着するまでには、最初にこの事業に取り組んだ事業者の闘いは大変厳しいものがあった、と聞いています。

競争に勝つ　マーケティングは、競争に勝たねばなりません。常に、送り手（メーカー）は複数存在し、自社商品を消費者に選んでもらおうと厳しい競争をしています。消費者からみると、メーカーが競争することによってよりよい商品が開発、販売されるので、競争は消費者に喜ばれる一面をもっています。競争に勝つために新商品を開発し、市場が新しく創造されることも期待されます。競争の結果、商品はさらによいメリット、便利、快適、おいしさ、低価格を実現します。やや旧聞になるとは思いますが、大変ドラスティックな事例ですから、アサヒスーパードライを例としてみてみましょう。

アサヒスーパードライ　スーパードライが登場するまで、ビールの味は皆同じでした。同じである、と消費者は思ってきました。ところが、アサヒビールは、「ビールの味にはコクとキレがあるのだ」と消費者に教えたのです。そして、キレ味はアサヒスーパードライだ、と畳み掛けたのです。これまでの味に飽きていた消費者は、そうかキレ味は飲んでスッキリ味のことではないか、と魅力を感じて飲みだしたのです。何回飲んでも飽きがこない、という評判を呼びました。この結果、アサヒビールはシェアを飛躍的に伸ばすことができました。王者キリンビールに肉薄すると同時に、下位メーカーのシェアも食ってしまったのです。一人勝ちです。一つのヒット商品、アサヒスーパードライによってアサヒビールはよみがえりました。

SEE-PLAN-DO

マーケティング活動構成のモデル　ふつう、Plan-Do-Seeといいますが、マーケティングプランニングはSeeが最初にきます。See-Plan-Doときて、その後再びSeeが来てこのサイクルが続きます。

Seeとは現状評価で、商品やサービスの市場における実態を正しく知ることです。プレゼンの場でクライアントと商品や市場について共通認識ができなかったために、競合に負けたという例もあります。現状の認識がずれている提案では、クライアントの共感は得られません。このような事態を避けるためには、市場動向や環境、社会文化、政治経済、法律などの最新動向を把握しておかねばなりません。（次頁図3―2参照）広範な市場実態の評価作業によって、現状の自社商品・ブランドを位置付け（ポジショニング）ます。次に、目標とすべき新しい位置を設定します。この作業を、「ポジショニングを行う」といいますが、競合各社、それぞれ新しいポジション獲得に向けてマーケティング活動を展開することになります。

マーケティング活動は、幾つかの活動の組み合わせとして実施されます。商品戦略、流通販売戦略、そしてプロモーション戦略のミックスです。（次頁図3―3参照）さらに、商品戦略には、品質、機能、味、価格、ネーミング、ロゴマーク、パッケージなどの個別活動があります。流通戦略も、販売組織、販売経路、販売契約、物流など、プロモーション戦略も、広告、PR、販売促進、人的販売などの活動があります。これらのすべての活動が相互に関係しあって、マーケティング活動となりまます。お客によるブランド指名があれば、お店はその商品ブランドを必ず置くようになります。プロモーションによる働きかけが、流通販売戦略によい効果を挙げる例です。商品が改良されて味がよくなった場合、この事実を広告やPR、販売促進によってお客に知らせなければなりません。マーケティングプランナーは、頭のなかにマーケティング活動の構成モデルを持っています。いわば、

図３－２　マーケティングプランニングのための現状評価

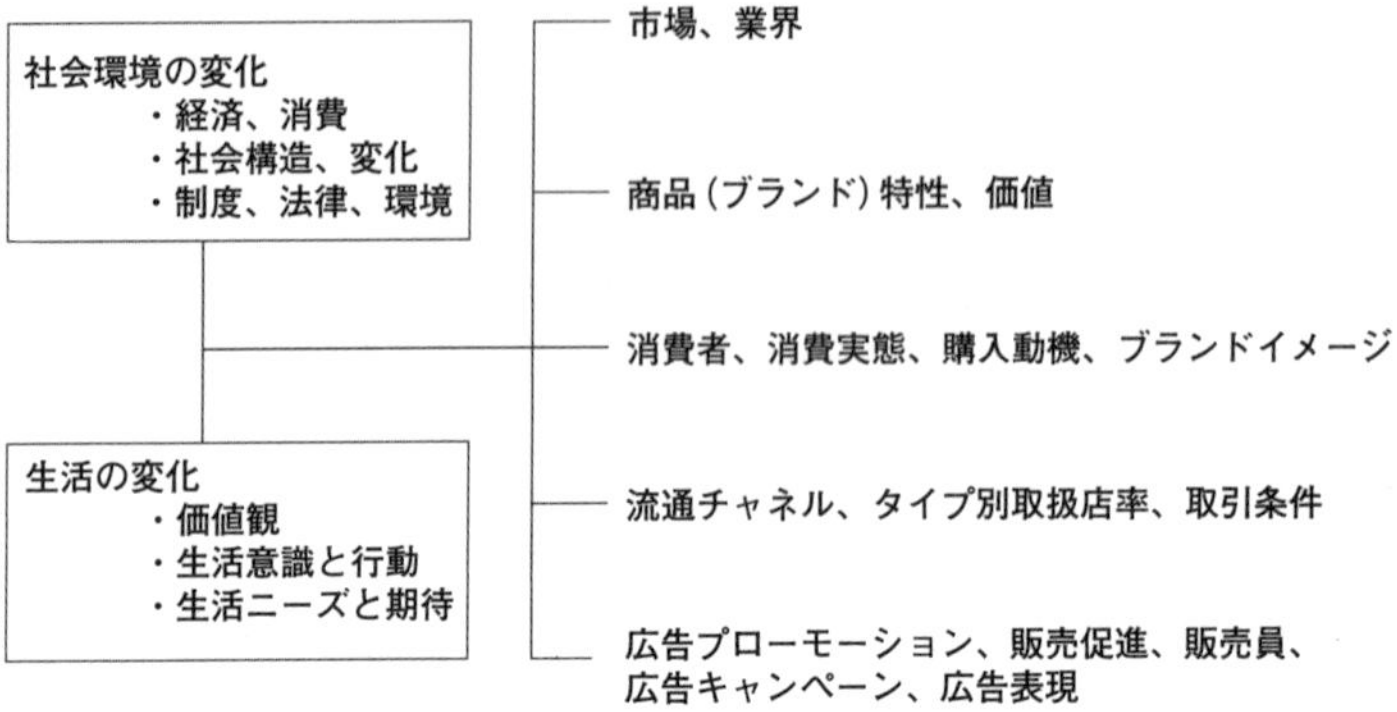

図３－３　マーケティング戦略の構成

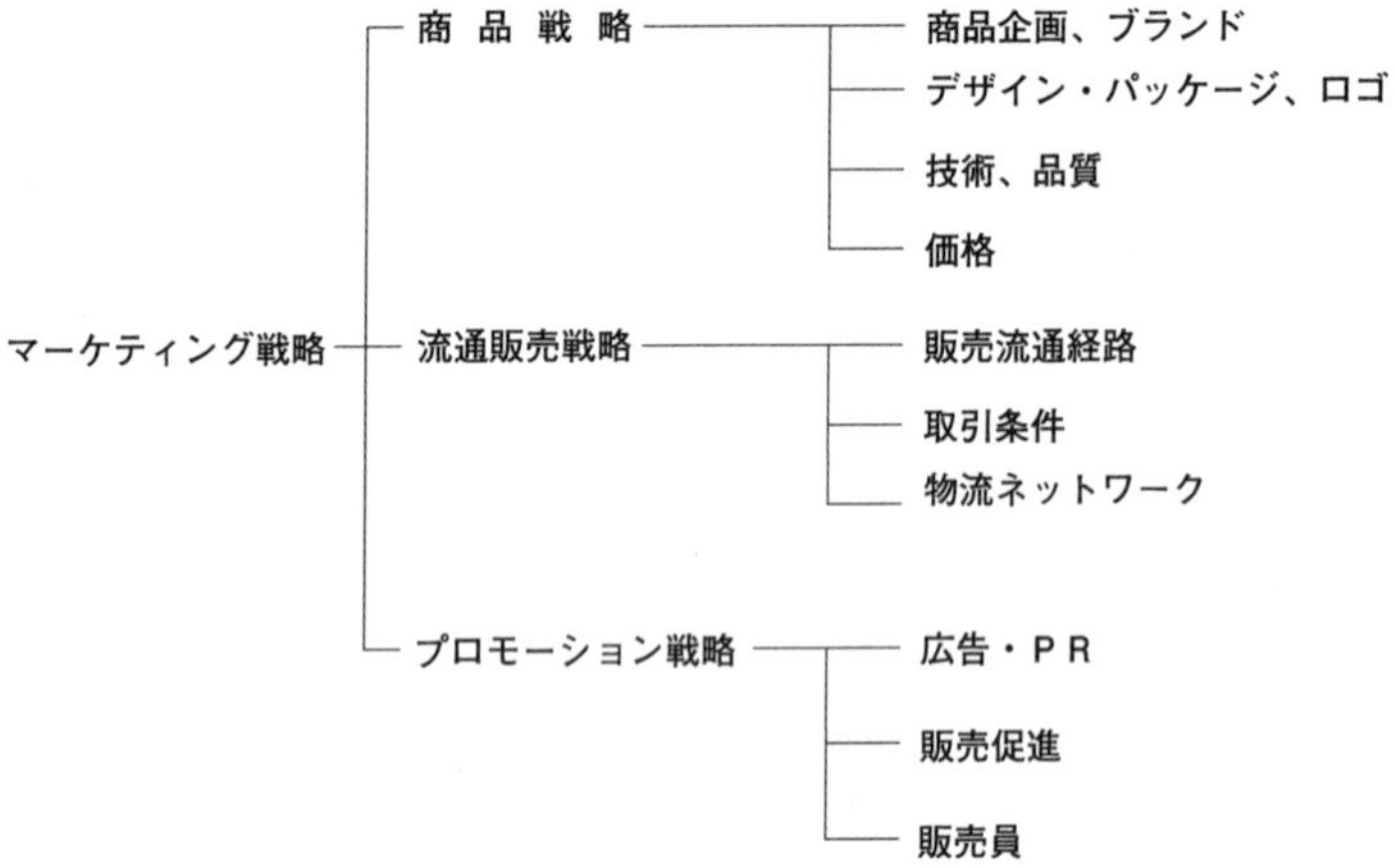

プランニングのための「型」のようなものでしょう。しかし、この型をそのまま使ってすぐにマーケティングプランニングに入ることはできません。まだまだ、マーケティング戦略立案への距離があるからです。もっと工夫して、プランニングに直接役立つ「型」の開発が必要です。これが、後に紹介するメソドロジー（考え方と方法を体系化したもの）です。

問題を抱えたとき、最初にプランナーがやること　店頭に行き、商品を自分で購入します。店に行けばお客の顔が見えます。お客が店員と何を話しているか、どんな態度で買っているか、雰囲気がよくわかります。自分で購入すれば、買うときの気分、戸惑い、店員の態度なども直接よくわかります。自分で見る、聞く、試すが、プランナーの最初の仕事ＳＴＥＰ１です。ＳＴＥＰ２は、既存情報の収集で、ＳＴＥＰ１の仮説を膨らませるために、あるいは確認するために、新聞記事、業界紙、専門雑誌、調査報告書などの既存資料を収集します。さらに、ＳＴＥＰ３では、調査を実施しますが、これはかなりの費用がかかります。したがって、調査の実施前に十分に調査課題を吟味します。調査から、消費者の意識や行動実態の詳細、仮説の検証、アイディアの収集ができます。調査結果とこれまでの経験や創造性を生かして、マーケティング戦略案が作成できます。私は、これら三つのＳＴＥＰをマーケティングプランニングの三分法と名づけて、必ず実行しています。

以下に、ＳＴＥＰ１の例を二つ紹介します。

STEP 1　売り場に行く

ファーストフードを担当することになり、退社時間には少し早いけれど、帰り道でもある自由が丘に行きました。ハンバーガーショップに立ち寄るためです。早速、店内の注文の列に並びました。午後四時を少し過ぎていたので、店内は女子中高生ばかりです。ネクタイ姿のおじさんは私一人でしたので、皆の目が集中して恥ずかしい思いでいっぱいでした。皆どのように注文しているか、聞き耳を立ててみましたが、中高生も店員も早口で何を言っているか分かりませんでした。自分の番になって、ハンバーガーを三種類注文しましたが、そのとき店員が何か言いました。三回聞き返してやっとトッピングを何にするか、と聞かれていることが分かりました。私は店内で食べないので、店を出て競合店にも入りハンバーガーを幾つか購入して電車に乗り帰宅しました。電車内は、私の周りでハンバーガーの香りが漂うので再び乗客の目を集めてしまいました。

家族の意見を聞く　帰宅すると、あまり早い時間に帰ってきたのと、ハンバーガーをたくさん持ち帰ったので家族は驚きました。二人の子供は大喜びです。早速食べることにしました。先ず、自分で味わいながら食べてみます。どちらのバーガーがおいしいか、食べやすいか、買いやすいか、など考えながら食べます。おじさんの場合、おなかがすいているときは食べられるが、普段はもっとあっさりした味がいいのではないか、そうするともう一つの競合店のほうがおいしく、買うときも余り抵抗感はなかったなー、など考えながら、ハンバーガーマーケティングに対する自分の意見をつくっていきます。

次は家族に意見を聞きます。子供たちに、普段どの店に行くか、どんなときに誰と立ち寄るのか、どの店が好きか、一番おいしいのは何か、その理由は、など根掘り葉掘り尋ねます。そうすると、ハンバーガーマーケティングの実態が段々分かってきます。次は、会社や知り合いの女性に聞きます。同僚の男性にもわざわざ話題にします。こうして、自分の考えである仮説を、少しづつ膨らませます。外の競合店にも出かけて、店内を観察しハンバーガーやフライドチキンを食べて見ます。どんな人がどんなときに並んでいるのか、多くの観察と体験が最初の仮説づくりに役立ちます。これがプランナーの最初にやるべきことです。いたずらに資料を集めたり、過去に行なわれた調査報告書を見てはいけません。

秋葉原の電気街に行く　クライアントからの広告オリエンテーションの一週間ぐらい前にチームが編成されます。つまり、オリエンテーションが行われている時期は、競合各社との戦いの最中になるわけです。したがって、オリエンの日までに、マーケティングスタッフはかなりの程度マーケティング問題を煮詰めておく必要があります。問題点や対策など整理しておかねばなりません。

エアコンのマーケティング担当になって最初にやったことは、秋葉原の電気街に行ったことです。エアコンはめったに購入するわけではないので、自分の体験がほとんど無いか、かなり前のことになります。したがって、電気店に行ってお客になりすまして店員からいろいろ情報を聞き出す必要があります。客に扮するということは、演技しなければならないので、緊張します。先ほどまで、エアコンについて何も考えていなかったのですから、演技力が求められます。あくまでも自分の家のエアコンを買うのだという強い意識を持って、自分の家にふさわしいエアコンを探していると店員に印象付けなければなりません。先ず、最初の何店かは、実物を見て機能や価格を調べます。少し落ちついてきたら、「エアコン、何も知らないので教えてくれませんか」と丁寧に店員にお願いします。新製品の場合は機能面の訴求ポイント、つまりセールスポイントが明確です。花粉や空気の汚れをクリーンにする、イオンを噴き出す、送風がワイド、省エネタイプなどです。消費者がエアコンに求めるものは、夏はクーラー、冬は暖房です。毎年、新しいセールスポイントが出てきます。しかし、エアコンが一度据え付けられてしまうと、ほとんどの人がどのメーカーのものか忘れてしまうそうです。壁の中に埋もれた存在、壁の一部になってしまうのです。これは、後から実施した消費者調査でも確認できました。

ブランドイメージが大事　機能面での優位性も大切ですが、結局メーカーの定評、つまりブランドイメージが購入を大きく左右する、という話を店員から聞き出しました。したがって、ブランドイメージが高ければ店頭で検討対象となるように思いました。これは、仮説です。さらに、いろいろな機能についてのお客の反応を店員から聞きたいのですが、お客自体がすでに家にある商品についてほとんど意識していないということで、この点についての情報は取れませんでした。結局、購入時にいろいろな機能を説明しているが、次第に冷暖房能力と価格に絞られるケースが多いことが分かりました。

工事が購入の決め手　また、エアコンは室内と室外の工事が必要です。この工事は、シーズンになると、何処も手一杯ですぐには取り掛かれません。そこで、売出しをかなり前にやってしまうことを先に取る作戦が重要です。支払いは、ボーナス月でも、据付工事はかなり前にやって工事予約で、売上を伸ばすことができます。エアコンは、商品自体のほかに、何時、何処に、いくらで据え付けるかという工事関係が、マーケティング戦略の重要な要因になっています。

何店かの聞き込みで情報収集した後、エアコンのマーケティング戦略構図を図にします。わからないところ、曖昧なところもありますが、この図がマーケティングプランニングのスタートになります。

ＳＴＥＰ２　既存情報の収集——新聞雑誌記事と広告

新聞記事と新聞広告から最新の情報を手に入れることができます。したがって、プランナーは毎日、新聞に目を通すことが大切です。日経本紙、日経流通、日経産業のトリオと業界紙です。新聞各紙は、その都度詳細な記事を掲載してくれます。細かいことでも、掲載してあります。特に、業界紙は、業界や商品の細かい記事が毎日のように掲載されるので、貴重な情報源です。しかも、新聞記事は時系列に遡って、情報を手に入れることができます。記事を時間軸で並べてみると、一つの記事では分からなかった内容と動向が、手に取るように見えてきます。また、記事の変化を通して、自分の意見や推理も加えることができます。つまり、記事の読み方によって自分の考えを表現できるというわけです。新聞記事は、マーケティング提案に独自性を入れ込むことができる情報源です。広告をみると、各社がどのように自社商品を消費者に訴えているか、よくわかります。各社の広告から、キャッチフレーズやコピーを抜き書きして並べると、それぞれの特徴が比較できます。また、時系列に並べてみると、これまでの広告表現戦略が見えてきます。

専門雑誌記事と広告　専門雑誌記事は、業界や商品ブランドについてまとまった知識を提供してくれます。担当して間もないときは、専門雑誌記事を読んで自分の知識として蓄えることが大切です。ただし、この記事は、まとめた人の考えが反映されているので、市場の見方の一つと受け止めるべきです。まとまった記事に対しては自分の考えを入れ込むことが難しいものです。専門雑誌記事は知識として蓄えるには便利ですが、記事内容をそのまま事実として受け入れることは危険です。

雑誌広告は、ＴＶＣＭと並んでカラー表現になっているので、他の既存資料にはないユニークな情報です。色彩が加わると、広告は一つの魅力ある世界を描きます。広告商品が最も映えるカタチで表現されますので、競合各社の商品ブランドへの思い入れが際立ってみえてきます。

調査報告書やその他の資料　既存資料の中には、業界や特定商品の調査報告書もあります。通常、相当額のお金を支払わなければ手に入らない資料です。マーケティングの重要性を高く認識している企業の社内には、優れた情報部門（図書室や資料センター、情報センターといっている）が活躍していて既存資料の収集、整備をしっかりやっています。したがって、マーケティングプランナーは、情報部門に頼めば無料で速やかに資料を手にすることができます。逆に言えば、よい情報部門があれば、マーケティングプランナーはいい仕事ができるというわけです。

STEP 3　調査（マーケティングリサーチ）

STEP 1で仮説（問題設定と解決のための方向案）をつくり、STEP 2で既存情報分析によって問題解決への対策（阻害要因の除去と促進要因の強化策）を練ってきました。ここまでくると、本当に知りたいことがはっきりしてきます。どんな障害を取り除いたらトライアル購入に結び付けられるか、品揃えが不足しているのか、商品ブランドの特性がお客に浸透していないのか、などの疑問です。また、促進要因として、商品パッケージの改良、店頭でのお客と店員のやりとりの工夫、ネーミングの訴求強化なども直接消費者に実態を聞きたいところです。そこで、消費者調査、店頭調査が必要になってきます。知りたいことがはっきりしているので、これを調査によって明確にします。当然ですが、闇雲に調査をすることは絶対にありません。調査の実施前に、プランナーは「調査からはこのような結果を引き出すぞ」という確信と意気込みが必要です。調査には、費用がかかります。ですから、事前に十分に問題を分析し、解決への対策案も練った上で、調査企画を準備します。問題解決に向けて阻害要因と促進要因は何か、を知った上で調査に入ります。マーケティング問題の解決に役立つ調査でなければなりません。

調査企画でかなりのことが分かる　調査は、直接消費者の声を聞くという大切な仕事で、大きな意味があります。調査は、調査の計画ややり方によって、調査結果が変わってきます。質問一つを取ってみても、その聞き方によって消費者の回答は動きます。したがって、調査担当者は本当に知りたいことが引き出せるように、質問文を考えなければなりません。ベテランの調査担当者の手に懸かると、こんなことまで回答として引き出せるのか、と驚きます。

一九九五年、国内の別会社化に伴い、電通東日本新潟支社からの要請で、「まいたけ」のマーケティング担当になりました。まいたけが食卓には珍しく、これから大きく販売を伸ばそうという時期でした。まだ、まいたけの仕事で分かったことですが、主婦はしいたけ、しめじ、えのきのいわゆるきのこ御三家は使ってしまうと必ず補充して冷蔵庫に買い置く習慣があります。それだけ生活に密着しているのですが、まいたけはその日料理予定があれば購入するという存在です。まいたけはまだまだ御三家にはかなわないということです。どのようにまいたけの買い置きを推奨していくか、まいたけ販売促進にとって重要なことです。また、ベテランは、調査項目として、プレゼンに有効な項目、質問文、キーワードを前もって仕込むことさえもやります。

さて、まず最初にやることは、調査対象者の選定です。誰に聞けば、課題解決に役立つ情報が取れるのか、厳密に検討します。購入者か、使用者か、その両方か、買い物は主婦がするが、本当の利用者は十代後半の息子さん、あるいはご主人、というようなことは当然あります。マーケティング作戦としてどちらに働きかけるほうが、課題解決に役立つかを考えます。対象者をイメージしながら考え調査票を作成していくのですが、その途中で調査課題が徐々に分解されて、何が本当の問題か、その問題点の原因は何か、有効な作戦は何か、などのヒントがどんどん出てきます。

調査対象者を具体的にイメージすることによって、よりリアルに消費実態や購入動機を推測することができます。調査票が出来上がる時点では、ベテランであれば頭のなかに調査結果が想定できてしまいます。そして、課題対策の案もひしめき合っています。これは、調査企画の段階でかなりのことが分かってしまう、ということに他なりません。「ベテランは思い通りの調査結果を出す」とよくいわれるのは、このことなのです。しかし、客観的なデータは手に入っていませんから、当然調査は実施します。そして、調査の後に新しく客観的な事実を知ることもありますので、謙虚に調査を企画、実施しなければなりません。

定性調査は、企画そのもの　グループインタビュー形式の定性調査は、課題解決に向けて企画アイディアやヒントを得るために有効です。五～六人の対象者（特定の商品の購入者、あるいは使用者）と司会者で行う、この調査の成功はインタビュー司会者の腕にかかっています。消費者は、日頃から商品やサービスについて不満に思っていることや改善してほしいと思っていることがたくさんあります。水面下でよく見えなかったこれらの不満や改善点は質問の仕方によって浮かび上がってきます。この調査の狙いは、調査対象者同士の話し合いから出てくる、何気ない言葉、ヒントを引き出すことです。したがって、司会者は、商品やマーケティングに詳しく経験が豊かな調査担当者でなければなりません。

消費者の使用実態や購入動機を知ることも大切ですが、インタビューの後半は調査課題そのものを小出しに対象者にぶつけては、その回答を吟味していきます。よいアイディアが一人の対象者から出てくれば、さりげなく他の対象者はどのように思うか、他に関連してどんなことを思うか、など対象者同士の話し合いに誘導して行きます。いわば、対象者によるブレインストーミングです。この結果、グループ全体が課題解決に向けて役立つ意見を出してくれるようになります。この話し合いのなかから、プレゼンのキーワードやTV広告のコピーそのものを選んだこともあります。定性調査は調査であり、企画作業の一部にもなるのです。しかし、このような腕前をもつ司会者は、豊かな暗黙知をもっている人でなければなりません。

STEP0（ゼロ）普段の情報収集と思考

実は、STEP0があって、これが一番重要です。考えるべき問題が目前にあって初めて考えるのと、普段から情報収集しあれこれと考えているのとではプランニング作業の質に大きな違いがでてきます。マーケティングプランニングには、「問題解決に直接役立つこと」、「他人とは異なるユニークな提案を創ること」の二つが要求されます。ユニークな提案をするためには、日常の生活行動の中で商品やブランドについて話を聞く、店頭で商品を見る、新聞、雑誌、テレビの関連情報や広告を見ておく、など積極的な情報行動が大切です。すでに、担当している商品についての情報行動がやりやすいのは当然です。しかし、突然、新しいプロジェクトに加わる場合があるので、普段から様々な商品・サービスに興味関心をもつようにします。私は、若いときに先輩からこの点を厳しく指導されました。

幅広い情報収集は提案のパワーになる　担当している商品に関する情報だけでなく、他の業種、商品のマーケティング活動のよいところを盗むぐらいの厚かましさも必要です。むしろ、アイディアやヒントは、他の業種、商品のマーケティング活動の中にあるとさえいわれています。クライアントは自社の商品は詳しく知っていますが、他の業種、商品の実態については意外に知りません。したがって、他の業種、商品のマーケティング活動実態の中に、クライアントの関心を喚起し問題解決への手がかりがある可能性が十分あります。プレゼンテーションの際には、強力な武器になります。

提案の独自性は、普段の情報収集から　新しくプロジェクトに加わった場合、その時点で自分がもっている情報だけで、最初のプランニングメモをつくります。このメモは十分な問題分析に至っていないのですが、内容は誰の手垢も付いていないアイディア豊かなメモになります。独自性という点で優れています。

問題について初めて考えるときは、問題自体を純粋に突き詰めて考えることができます。どうしてこんな問題点が出てくるのか、原因は何か、他の商品に似たようなことはなかったか、など自分の考えを自由にめぐらせることができます。大胆な仮説もできます。この最初のときだけが、制約を受けずに自由に発想し、多少逸脱するぐらいの面白い仮説ができる、大切な瞬間です。私は、この瞬間、この時間を何よりも重要である、と考えています。普段の思考と情報をベースに最初のプランニングメモをつくりプランニング作業がスタートします。したがって、マーケティングプランナーにとって普段の生活態度が如何に大切であるか、だれもが理解できると確信します。

問題設定の後に情報収集開始を　既存の情報を集めだすと、その情報にかき回され、独自性とはほど遠いメモになってしまいます。他人も、その情報を使ってプランニングしているとすれば大なり小なり似たような仮説や問題設定になってしまいます。新しく担当する仕事を目の前にすると、どうしても考える範囲が担当の商品中心になります。これは、誰でもそうなります。最初は知らないことが多いので情報集めに気が逸りますが、そこをじっとこらえたままでの経験と普段の思考や情報によって、先ずマーケティング問題の設定と問題の解決方向案を考えます。この問題設定と解決方向案の検討を怠ると、以下のような弊害を招きます。

㈠何でもかんでも役に立ちそうに見えて、情報収集過多になってしまう。
㈡自分の思考と知識が収集した情報に負けてしまって、平凡なプランしかできない。

したがって、考える範囲と方向がある程度かたまってから、その範囲と方向で情報収集を開始します。

マーケティングの何を伝え残すのか

マーケティングプランナーのノウハウ　マーケティングプランニング作業では、世の中でいま注目されている話題、人々の生活意識や行動、価値観、特定商品・サービスの市場動向、経済社会活動など、多岐にわたる現象を捉えます。毎日、これらのことを考えると頭の中が情報で一杯になってしまって、これ以上新しい情報は入らないのではないか、と心配することはありません。情報をうまく整理して順序付けをし、すぐに利用しない情報は頭の外へ出せば、まだまだ余裕はつくれます。こうした多岐にわたる情報を特定のマーケティング問題に適用していくことは、高度なブレーンワーク（考えるということ）です。経験も必要ですが、経験を捨てる勇気も時には必要です。たくさんの情報から何が重要かの選択は、ブレーンワークによって判定、判断されます。ブレーンワークによって、プランナーはマーケティング問題を設定し、問題解決の方向を絞り込みます。（ここでいう情報は、すでに頭の中に入っている情報を意味します。）

思考と情報のやりとり　マーケティングプランナーの仕事は、実に人間的な働きで創造力を必要とします。マーケティングプランナーの究極ノウハウは、思考と情報とのめまぐるしいやりとりではないでしょうか。マーケティングプランナーになるにはどんなことが必要ですか、よい本は有りますか、とよく聞かれますが、毎回返答に苦労します。こうしてこうすればいいです、その理由はこうです、と言う答えができないからです。「何年か仕事を一緒にやっていくうちに、ノウハウの一端に触れることはありますよ」という答えになります。マーケティングセミナーやテキストには、マーケティングの手法、分析法がたくさん紹介されています。これらの方法をいつ、どのような問題に用いるか、これもまたマーケティングのノウハウです。ましてや、マーケティング問題をどのように設定するか、を明確に示したものはありません。

マーケティング問題の設定は人によって異なる　マーケティング問題の設定は、プランナーによって異なります。プランナーの考える構想、市場での商品・ブランドへの認識など多くの要因によって、問題設定は変化するからです。したがって、正しい問題設定というのはありませんが、よく練られた巧みな問題設定はあります。このようにマーケティングプランナーのノウハウは独特のものです。建築設計も、本の編集企画、コンピュータシステムの開発など、それぞれ独特のノウハウがある、と考えられます。だから、これらのノウハウをもつ人を、プロフェッショナルというのだ、と思います。

ノウハウを何とか体系化したい　確かに、ノウハウは表現しにくい、表現できないものです。しかし、その一端を表現したい、あるいはノウハウにできるだけ近づくための思考体系をもちたいと思うのは、私だけでしょうか。過去に、コンピュータシステムの設計と、マーケティング体系に基づく広告計画作成に関して、思考と方法の体系化を試みた二つの例があります。コンピュータシステム設計の場合、一九七〇年前後に各コンピュータメーカーが、各社の設計方法論として販売促進手段として開発しました。しかし、現在活用されている例は極めて少なく、そのほとんどが消え去っています。また、広告計画は、電通がほぼ同時期に電通ＭＡＰ（Marketing & Advertising Planning）システムを開発し、現場導入しました。当時の広告業界は広告計画をシステム化したということで、大変話題になりました。しかし、五〜六年もすると、社内でもＭＡＰシステムの存在は希薄になり、社史に名を残すにとどまりました。大変残念なことです。

ノウハウの体系化というと正確ではありません。ノウハウの基盤となる「思考と方法を体系化した方法論」を開発するということです。この開発を継続発展していけば、必ずやノウハウに近づくことができる、と私は確信しています。優れた知恵と多くの時間、作業が必要となるでしょうが。ちょうど伝統芸能が数百年にわたって芸能のノウハウ（暗黙知）を伝承してきたように、企画、設計、開発、編集などの専門分野でノウハウを伝承できるのではないでしょうか。伝統芸能は、「型」を重視してきました。私たちも、プランニングや設計の「型」を開発すべきです。

加えて、伝承にふさわしい環境と組織づくりが必要です。伝統芸能はノウハウの伝承のために、家元制度、師弟の濃密な人間関係など、様々な工夫を凝らしています。

プレゼンテーション　プレゼンテーションを前にしていつも思うことですが、過去から現在までは理論的にデータに基づいて説明します。その説明は、いつも退屈で驚きや発見が少ないので退屈なものとなりがちです。プレゼンテーションは、将来への見通しとマーケティング問題の解決をどうやるのか、を説明するものでなければなりません。したがって、現在までの説明は論理的であっても、将来への展開は極めて感覚的になります。現在までをデータに基づいて説明してきますが、将来に向けての提案は現在の状態から飛躍します。私は、プレゼンの場で「ここからは、一気に飛びますが、…。」と、はっきり言ったことがあります。この言葉は、聴き手とともに自分にも聞かせたかったのです。そうです。誰も将来を覗いて帰ってきた人はいません。プランナーは、自身の感性、つまり将来へ向けての大胆な仮説を描き、聴き手の共感を得なければなりません。クライアントである聴き手が共感してくれれば、プレゼンテーションは成功します。提案内容にＯＫのサインがでるでしょう。

プレゼンの準備　私は、「企画書をプレゼン前日の昼までに作成する」を目標にしてきました。プレゼンの準備をするためです。プレゼンは、企画書の一ページから順序よく、説明する必要はありません。先ず、冒頭に「オリエンテーションの確認」が大事です。クライアントが要求したプレゼン内容項目が書いてあります。この確認説明の中で、もうプレゼンがどの方向に行くかを匂わせます。プレゼンという貴重な時間の制約の中で、強調したいことを選んで話します。強調すべきことは、何回繰り返してもよいと思います。それだけ印象に残ります。企画書のコピーを前もって手元に配ると、読んでばかりいて話を聞かない場合があります。できれば、映像で説明し、途中から手元を明るくして企画書も参考にしてもらうようにプレゼンを演出します。映像だけですと、聴き手に不安が残ります。プレゼンの準備は、このような演出とリハーサルです。

リハーサル　出来るだけ企画書から離れて、聴き手にとって自然で聞きやすい話の流れを考えます。その結果、企画書の順序とは異なる説明の流れになることがしばしばあります。さらに、企画書にない事実や挿話、プランナー自身の見方を別途用意します。これが、知恵の要るところです。企画書に書いてないことを話して、聴き手を話しにひきつけようという魂胆です。クライアントに何を提案したら受けるか、芸人が舞台での芸を考えるのと同じです。

リハーサルは重要です。先ず、通しで話をして時間を計ります。時間内に終了するべく、話を工夫します。また、流れの悪いところを修正し、気の利いた言葉を選ぶようにします。リハーサルで、話の内容と順序をできるだけ覚えるようにします。本番で、いちいち企画書を覗き込むような動作をしないためです。

企画書作成の途中からプレゼンを意識する　プレゼンを何度も経験すると、企画書を作成する途中からプレゼンのことを考えます。プレゼンで何を強調すべきなのか、どんな情報が聴き手をひきつけるか、ずばり目標とする姿を先に示してしまったほうが活力あるプレゼンになるに違いない、などを考えるのです。こうして企画書を作成すると、企画書が実にプレゼンになじむ内容と順序になってきます。同時に、不要な説明を省略できるので、企画書がスッキリします。ベテランになると、オリエンテーションを聞いた直後から、何をプレゼンすべきか、考え始めます。

ここまで、モノづくりと企画プランニングの二つの技術について、次世代へ何を残し伝えなければならないのか、をみてきました。ここで、改めて技術移転や伝承という視点から「技術とは何か」を考えます。

技術とは、やり方―技術移転・伝承という視点からみる

技術とは、私たちの社会と生活に役に立つことを目的とした手段であり、モノ（ハード）やサービス、情報（ソフト）をつくる手段、やり方です。技術がつくるアウトプットの性質によって、技術という「やり方」はそれぞれ特徴があります。そこで、技術がつくるアウトプットによって、それぞれの技術の特徴を明らかにします。アウトプットは、以下の三つに分類しました。

A　モノ（ハード）　①手工芸品　②工業製品
B　サービス（ソフト）
C　情報（ソフト）　①制御型情報　②計画型情報　③消費型情報

モノ（ハード）をつくる技術　モノ（ハード）は、手工芸品と工業製品の二つに分けます。手工芸品をつくる技術は、職人の熟練の技（わざ）に負うところが大きく、しかもマニュアルや図面がありません。人から人へ個人の技が伝承されます。

一方、工業製品の場合は、技術が機械へ移されて製造工程そのものが十分に「型」化している、といえるでしょう。自動化した生産設備そのものは型であり、設備を稼動させる技術（ソフト）も型化しています。したがって、工業製品を製造する技術は手堅く移転できます。ただし、高度な機械、

製造工程を間違いなく稼動させるためには、高度な運転技術をもつ工員が必要です。さらに、問題となるのは、新しく機械や製造工程を開発する場合です。ベテランの技術が欠かせません。生産設備を製造するソフト技術、あるいは高度な生産設備を運転するソフト技術には暗黙知が含まれてくるので、このような技術の移転伝承は難しくなります。

サービス（ソフト）をつくる技術　次に、アウトプットがサービス商品の場合です。宅配便やテーマパークなどのサービスは、人間の働きと技術の組み合わせで開発、運用されます。人の能力向上を促すマネジメント（サービス商品の品質管理など）というソフト面での技術が重要な役割をもちます。これまでになかったサービスを創るためには、独創的なアイディアとシステム技術が必要です。

情報をつくる技術（ソフト）　モノをアウトプットする技術は、アウトプットの形状や機能あるいは稼動運転を通して技術内容を理解することができます。しかし、情報をアウトプットする技術はそのアウトプットがカタチをもたないので技術内容を移転伝承することがより難しい、と思われます。情報は、その利用目的によって制御型情報、計画型情報、消費型情報の三つに分類できます。

制御型情報をつくる技術　制御型情報は、指示、警報、命令、制御など、その情報内容が「人間や機械に対して直ちに一定の行動や動作を行うように働く」ものをいいます。したがって、制御情報をアウトプットする技術を他者に移転するには、マニュアルや設計書、規則書、技術そのものを渡すことで完了します。

計画型情報をつくる技術　計画型情報はそう簡単にはいきません。計画型情報とは、これから先の行動や動作を考える際に必要とされるので、常に不確実性があります。アウトプットを理解し、受け止めるとき、不確実性から起因する頼りなさを感じます。これがアウトプットか、他にあるのではないか、と思いがちです。同時に、計画型情報をつくる技術の性能と信頼性は、計画者の資質や感性、能力に大きく依存します。したがって、計画のための方法論（メソドロジー）、デザイン手法、教育や訓練環境が重要となります。

消費型情報をつくる技術　消費型情報は、知識情報、娯楽情報、エンターテイメントです。即時に（リアルタイムで）情報が受け手によって消費されるので、即時報酬型情報といわれています（なお、制御型情報と計画型情報とは、遅延報酬型情報といいます）。

計画型情報をつくる技術と消費型情報をつくる技術は、「型があるようで、型がない」といえます。その都度、新しく情報を創造しなければなりません。従来のやり方を参考にすることはあっても、新しいやり方、技法を発想し考えださなければなりません。この創造過程のすべてに、創りだす人の人間性が関わっています。勿論、優れたクリエーターの指導を受け、真似することによって、次第に腕を磨いていくことはできます。師匠や先輩から学ぶ方法論や型があっても、それを自分のモノにするまでには、血の滲むような訓練が必要です。芸術、芸能も消費型情報の類です。

技術と暗黙知　技術とは、型のようなものでしょうか。型は、動作や文章、絵で表現されて他者に伝えることができます。しかし、型を学んだだけでは、現場では役に立ちません。状況の変化に応じて臨機応変に対応する能力、型を用いる能力が必要です。この臨機応変に型を用いる能力こそが、いわゆる技（わざ）、ノウハウ、暗黙知といわれるものです。仕事の名人、達人、あるいはベテランの頭脳には様々な業務知識があります。それを機械化、装置化して、人の業務を代替し労働を軽減し、危険を避けるようにしてきました。さらに、機械や装置自体に工夫や改善

表3－4　アウトプット分類に対応する技術移転伝承のための方法

	アウトプット分類とその具体例		技術移転伝承のための方法
モノ・ハード	手工芸品	家庭用品・雑貨、家具、陶器、食品や飲料	心得　口伝　簡単な図面　花伝書 技（個人技）の訓練　仕事場そのもの
モノ・ハード	工業製品	家電、AV機器 車、コンピュータ 通信機器	製品設計書、図面　CADシステム、 製造工程管理法　販売管理法 ソフトな技術　仕組み（システム） 管理技術　訓練・研修
サービス	サービス　システム	建築・住宅、 テーマパーク 鉄道、道路、橋 海運、空輸 物流、宅急便	設計書、鳥瞰図　グランドデザイン アセスメント　プロジェクト管理 運用評価　ソフト技術　システム理論 プロジェクト管理　運用評価法 訓練・研修
情報・ソフト	制御型情報（遅延情報型情報）	指示、警報 規制、規律 マニュアル 制御プログラム	警報作成マニュアル　規制の制定規則 マニュアルの作り方　プログラミング手法 ソフト技術そのもの（を渡す） 訓練・研修
情報・ソフト	計画型情報（遅延情報型情報）	企画設計提案書 予報・予測（気象、経済、社会動向など）	企画設計論　プレゼン手法 メソドロジー（方法論） 予報、予測法　システムデザイン手法 プロになる訓練　技（個人技）の習得
情報・ソフト	消費型情報（即時報酬型情報）	芸術、芸能 舞台、スポーツ 映画、音楽、小説 報道ニュース	稽古、演出法　組織チーム員としての厳しい訓練 メソドロジー（方法論） プロになる厳しい訓練　わざ（個人技）の習得 取材と報道の仕方（方法論）

を施し、効率化、高度化を実現して今日を迎えました。機械、装置が高度化、精緻化すると、これを制御する人間の側の技術、ソフトな技術も難しくなり、一筋縄ではいかなくなってきたように思います。いわゆる暗黙知が増加した、といってもよいでしょう。

技術にも感性領域がある 技術には、それを用いる運転操作、取り扱いなどの際に、勘どころ、あたり、微妙な間、タイミングといった経験・感性領域が確かに存在します。自動機械といっても、機械が高度であればあるほどその初期設定は難しく、マスターするのは容易ではありません。そこに職人の技（わざ）が確実にあります。

第4章

まなぶ、のこす――メソドロジーの開発

技術を他者に伝える

この章では、技術をどういう方法で他者に伝え、次世代に残していくかを、考えます。一口に技術といっても、その中身や伝え方でいろいろな様相を呈し、見え方が違ってきます。技術は、論理表現と物語表現、そして表現することが難しいノウハウ（暗黙知）の三つで捉えることができると思います。特に技術を他者に伝えるとき、論理、物語、そしてノウハウという側面はそれぞれどのように受け手に伝わるでしょうか。

論理表現　ここでいう論理とは、技術の特長や性質を一般化しようとした試みの結果です。つまり、論理的表現によって問題を構成する要素に分解して構造化したものです。論理表現では、構造化に際して論理的に説明できない部分、つまり構造化しにくい現象や要因は省略してしまいます。したがって、「表現している部分はわかるが、全体はどうもしっくりこない。はたして、この論理表現だけで考えていってよいのだろうか。」という疑問が生じます。しかし疑問は生じますが、この論理表現がない場合を考えてみると、受け手は技術を一貫性のないバラバラな情報として受け止めざるを得ません。これでは、何を伝達されたのか、理解することはできないでしょう。論理的表現は十分ではないけれども、問題の輪郭や性質について基本的な理解を得ることができます。

物語表現　論理表現がカバーできない部分を、物語は的確に表現してくれます。ここでいう物語とは、論理が省略してしまった要素を確実に示し、その要素間の関係や因果性をも細やかに表現してくれるものを指します。物語表現の典型としては、特定の状況下での事例が挙げられます。事例は、全体を文脈として捉え、感性、感情といったものまでも表現されるので物語表現はきわめて納得しやすい、という特徴をもっています。たとえ話も物語表現です。人は、たとえ話を聞いて多くを類推することが出来ます。難しい内容を、たとえ話で説明することが多々あります。

物語表現の幻惑性　物語表現は論理表現を補うことができるのですが、一方で、物語表現には幻惑性を伴うという危険があります。技術が物語で表現されると理解しやすいので、聞いた人達が物語（ストーリー性）の魅力、幻惑性に引きずられることがあります。物語表現は聞いていて耳に心地よいばかりでなく共感すら覚えます。しかし、当面する問題に技術を適用する際、技術のうちの物語表現（成功事例）部分がぴったりあてはまるというケースは滅多にありません。実に限られた特定の状況下で、その技術は成功したのかもしれません。しかし、物語の説明を聞いているうちに、聞き手はともすれば強引に物語を自分の問題の中に当てはめてしまうことがあります。物語への思い込みに陥り、問題と技術との関係を客観的に捉えることができなくなることがあります。物語の効果は絶大だけれども、間違って適用すると痛い目にあいます。ただし、自分の提案が物語表現できると、提案内容の細部がよく見えてきます。プレゼンテーションの際も活用するとよいでしょう。

ノウハウ（暗黙知）をどう伝えるか　ノウハウは、表現することが難しい暗黙知です。最も人間的なはたらきであり、感覚的、感性の領域です。研ぎ澄まされた感覚によってはたらくわざであり、至高の芸に相当します。

ノウハウ（暗黙知）を伝えるためには、聞き手の問題意識や感性、人間性といったものまでも含めて、聞き手に合わせた表現の「わざ」の存在を見逃すことはできません。聞き手はいまどのような心境でこの話を聞こうとしているのか、聞き手の問題意識はどこにあるのか、何を期待しているのか、敏感に察知する能力が話し手には必要です。

また、ノウハウは、問題の解決に際して技術の論理表現と物語表現を巧みに組み合わせる技（わざ）でもあります。論理系が表現できないところを物語系で補い、物語がもつ特殊性を考慮して適切な説明部分に限定して用いるなど、表現の創意工夫が必要です。これは、実に創造的なはたらきです。新しく独自に発想し、問題解決へ迫ろうとする知恵のはたらきでもあります。培われた経験と工夫によって、その人ならではの技（わざ）が発揮されるのですが、これは誰もが真似できるものではありません。

技術を移転・伝承する　技術を適用した問題解決案のプレゼンテーション説明や、あるいは技術そのものを他者に伝授する場合、論理的説明が先行します。論理的説明の範囲内では、聞き手は説明をよく理解し内容に対して矛盾を感じることはすくないでしょう。しかし、論理表現以外の部分を不安に思うということがあります。たとえば、技術を用いる人の動機や満足度、技術のもたらす社会的不安は、論理表現できません。したがって、どうも大切な「何か」を見落としているようにも思えて、技術全体を信頼するに至りません。いい感じできているのですが、「これが絶対よいのだ」というダメ押しが、聞き手には欲しいところです。

この点、物語は最初から最後まで説明の文脈がスッキリしていて分かり易いと同時に、物語のようになると思わせてくれるはたらき、共感があります。どんな状況でもこの物語（ストーリー）でいけそうな感じがするのだが、決してそうではないことに留意しなければなりません。冒頭申したように物語は、ある特定の状況下での美しいストーリーにすぎないからです。物語表現のなかでは、語られる要因が互いに微妙に影響し合う様子まで手に取るように分かってしまうので、この物語は限られた状況の中で出現するのだ、ということをほとんど忘れさせてしまうほどです。このように物語は説得には効果的なのですが、用いる状況と方法を間違えると乱暴でデタラメな話になってしまうので注意しなければなりません。

さて、ノウハウですが、ノウハウは「表現しにくい、表現できない技術の〈何か〉」です。熟練工の「すわりがいい、すとーんと落ちる、渋い」とは、彼らがもっている感性を表現したものですが、素人が聞いてもこれはなんのことかよくわかりません。また、築城の名人加藤清正は、自然の景観を見て新しい城郭のイメージを自分の頭の中に描いた後、絵師に一つ一つ説明して新しい城の鳥瞰図を描かせました。現代の建築設計家も、土地の条件を見てふさわしい建物や住宅のイメージを描けるといいます。

もちろん、誰もがすぐにできる「わざ」ではありません。何度も現場を踏んで失敗や成功も重ねた後、このようなノウハウを身につけていくのでしょう。このノウハウは、誰もが伝授されれば簡単にできるということではありません。また、伝授することも難しいのです。技術の中で、一番とらえどころのない、難しい部分であり、かつ重要な技術ノウハウです。このノウハウ、暗黙知を如何に他者に伝えることができるか、逆に、教わるものはどのようにこのノウハウを受け継ぐことができるか、ノウハウは技術の移転、伝授における最大のポイントである、といえます。

製造メーカーにおける技術移転、伝承への試みは、最近様々な分野で行われています（第三章）。各メーカーが生き残りをかけて、挑戦しています。しかし、企画設計分野での技術移転、伝承の事例を見聞きすることがほとんどありません。企画設計分野での技術移転、伝承は、製造メーカーの実態に比べて遅れています。

以降は、企画設計分野でどのように技術をつたえ、次世代へ残すのか、を考えます。そのキーワードは、メソドロジーです。

企画設計メソドロジーの必要

何事もはじめて取り組むときは、何処から手をつけてよいか全くわからないことがあります。手がかりの少ない犯罪捜査のようなものかもしれません。犯罪捜査では、現場を中心に事実の断片を少しずつ集め、その事実がどうして起きたのか、その理由を考えます。たとえば、残された足跡はどのような履物の種類か、大きさは、このような足跡を残す人はどんな人か、など疑問が出てくるので、次々と調べごとがスタートします。犯罪捜査をどのように考え、何から手をつけていくのか、を示した「犯罪捜査メソドロジー」という書き物はあるのでしょうか。新任刑事の教育研修のためにテキストがあって、その中に示されているだろうか、とふと思います。

住宅建築の場合　工務店の営業はどのように顧客（施主）のニーズをきいて、最初の見取り図、鳥瞰図を作成するのでしょうか。顧客が、「こういう生活がしたい」という要望をすると、工務店営業は「そうですか、このような家ではどうですか」とやりとりが始まります。このとき、工務店営業は、最初に何を確かめどのような回答を顧客に示せばよいのか、住宅建築設計メソドロジーをもっているでしょうか。

きっと、工務店の社長やベテラン営業は、頭の中にメソドロジーに相当するものをもっていて、それを巧に活用しているに違いありません。そのメソドロジーに相当するものは他者がその一部を聞くことはできても、全体を知ることはできません。営業担当者自身でさえ、自分の頭の中にあるほぼ体系化された営業手法（メソドロジーに相当するもの）を客観的に見ることはないだろう、と思います。

他の誰もが見ることができないので、本人が忙しくなったり歳をとったりすると、せっかくの営業手法を活用できない事態も予想されます。自分自身が顧客への営業にでるためにも、後継者を養成する場合にも、住宅建築設計メソドロジーが文章表現され、整備されていたらどんなによいだろうか、と思います。多くの分野で、メソドロジーに相当するものがありません。どうして、メソドロジーが書き物になっていないのでしょうか。

メソドロジーは、マニュアルではない　二〇〇六年十一月八日「いじめ、マニュアル生かせず」というＮＨＫニュースがありました。岐阜県瑞浪市にある中学校で前の月にいじめを苦に自殺した女子中学生がいました。その中学校では、五年前にもいじめがあったため、市の教育委員会がいじめを防ぐためのマニュアルを用意していたのですが、自殺した女子中学生への対応に生かされていなかった、ということです。

「いじめ」にマニュアルは適切ではなく、メソドロジーが必要です。まず、いじめという問題はどういうものか、どうして発生するのか、いじめに対してどのような考え方が解決に向けて必要か、などいじめ問題を根本から受け止めるためには、いじめ問題解決メソドロジーを構築しなければなりません。マニュアルが生かせなかった、というのは当然です。いじめに対して、マニュアルで解決しようとしたのは間違いです。マニュアルで解決できるほど、単純な問題ではないからです。いじめ問題解決メソドロジーは、いじめ問題の背景にあるものを探り、いじめ問題の根本のところから検討します。だからこそ、問題解決にふさわしい対策を実行できるのです。マニュアルが生かせなかった、というのは当然です。

メソドロジーとは　和英辞書を引くと、メソドロジーは、methodology、意味は、方法学、方法論です。educational methodology は、教育方法論とあります。Method に、-logy という学問、理論を意味する言葉を連結したのですから、methodologyは　方法理論、方法を体系化したもの、と解釈できます。

メソドロジーそのものについて書かれた資料は極めて少なく、以降の記述は、システム開発のメソドロジーとして書かれた「オープンシステム　メソドロジー―組み立て、組換え技術―　安斉紘司著　一九九四　工業調査会」から抜粋したものです。

●メソドロジー（設計方法論）

メソドロジーとは、問題を解決するために、理論や哲学に基づいて秩序立てられた一連のメソッド群をさす。

メソドロジーは、アーキテクチャーとは逆に抽象化の傾向をもつ。特殊なものは、システム化の対象にならないからである。メソッドは、特定の局面で与えられた目標を実現するのに有効な方法をいうのであり、一般に複数の技法（テクニック）をもっている。

メソッドは「なにか」に、技法は「いかに」に、力点をおく。

メソッドは、ＫＪ法、Method/1などのように版権を主張する特定機関に行かなければ習得できない場合があるが、技法は公共の学校施設で学ぶことができる。

（Roland Vonk, "PROTOTYPING the effective use of CASE technology", Prentice-Hall, 1990, pp27 ～ 28）

メソドロジーとは、「問題を解決するために、理論や哲学に基づいて秩序立てられた一連のメソッド群をさす」とありますので、「問題を解決するため」と「理論や哲学にもとに秩序立てられた」の二点に注目してください。メソドロジーの役割は、問題を解決するために計画を立案することです。そして、理論や哲学に基づいて計画をたてる計画技術が秩序立てられていなければなりません。

メソドロジーは、文章表現されて初めて人々の目にとまることができます。したがって、以降に記述するメソドロジーは、考え方と方法が体系化され、文章表現されたものである、とします。

メソドロジーはどのように役立つのでしょうか。企画設計メソドロジーを使う人は、企画設計者です。企画設計者にとってメソドロジーはどのように役立つのでしょうか。メソドロジーの役割は、以下の三点に集約できます。

第一は、企画設計作業のスタンダード、標準となります　企画設計メソドロジーの基本となる考え方と構造は、変わることはありません。普遍です。プランナーに、企画設計に共通する標準型を示します。しかも、多くのプランナーが、それぞれ各段階で創意工夫した考え方や方法を付け加えることができるので、メソドロジーの内容は刻々変化します。この変化をふくめて、メソドロジーは企画設計の標準となります。

伝統芸能が、その芸の真髄を型によって伝承してきたようにメソドロジーを企画設計の「型」として活用できます。しかも、伝統芸能が示しているように「型であって、型でない」という一見曖昧に見える表現も、メソドロジーによく当てはまります。

第二は、企画設計者は、メソドロジー全体を貫いている強烈な考え方（主張）を学ぶことができます　メソドロジーの考え方は、時代や環境が変化しても変わることはありません。風姿花伝は、世阿弥が理想とする能芸のあり方、〈花〉を究極の目標像とするという主張を示したものです。風姿花伝は、この主張に貫かれています。

企画設計メソドロジーの主張は、企画設計に基づく活動やシステムが「利用者満足」を獲得することです。マーケティングでは、実行されたマーケティング活動に消費者が満足すること、建築では建築された建物に居住者、利用者が満足することです。ですから、企画設計メソドロジーは「利用者満足」を獲得するために、企画設計者たちに対してどのような考え方と方法があるのか、どのような考え方と方法をもつべきか、を迫ってきます。過去に優れた考え方や方法が開発されていてメソドロジーに包含されていれば、それを活用することができます。もし、無ければ考え方や方法を自分で新しく開発しなければなりません。

第三は、メソドロジーは、競争優位を発揮します　メソドロジーは、企画設計の大枠を示したものので、それも柔軟な構造となっています。したがって、次々と優れた考え方や手法、方法をメソドロジー内に収納することができます。独自に開発した競争優位となる考え方、方法を積み重ねていけば、メソドロジー自体が大きな競争力となることは疑いありません。伝統芸能において時代を超えて名人、達人の「わざ」が伝承されてきたように、企画設計の「技術」もメソドロジーという型によって伝承されます。個人が仕事を通して創意工夫したものは組織内でバラバラに存在しており、時間の経過によって忘れられたり、人の異動によってその技術も異動することがありがちです。組織としてメソドロジーを認知確立し、工夫された考え方や方法をメソドロジー内に、普段から確実に収納することが望まれます。

企画・設計メソドロジーの基本型　企画設計の基本形はPlan- Do- Seeですから、「問題解決ための計画」—「実施のための計画」—「実施後の評価計画」と書くことができます。「問題解決のための計画」は、「問題設定と解決方向を探る」と「問題解決への具体計画を作成する」の二つに分かれるので、企画設計作業全体は基本的に四つの計画段階に分かれます。（表4—1）

最初に取り組む「問題設定と解決方向を探る」は、企画設計作業の中で最も難しく重要なパートです。企画設計メソドロジーは、この最初の難関をどのように乗り越えるか、のガイドラインを示してくれます。どんな問題も当初は漠然としてみえます。問題をどのように設定するか、これが肝です。ベテランは魅力的な問題設定をします。だから、すばらしい

表4－1　企画設計メソドロジーの基本型

Ⅰ．問題設定と解決方向を探る（構想計画）
Ⅰ．—1　状況認識と診断
Ⅰ．—2　期待と目標の明確化
Ⅱ．問題解決のための具体計画を作成する（課題計画）
Ⅱ．—1　阻害要因と促進要因
Ⅱ．—2　問題解決シナリオを描く
Ⅲ．実施課題に基づく実行計画をつくる（実施計画）
Ⅲ．—1　実施課題の確定
Ⅲ．—2　実行計画の作成
Ⅳ．評価計画およびプレゼン資料を作成する（評価計画）
Ⅳ．—1　評価計画の作成
Ⅳ．—2　プレゼンテーション資料の作成

企画プランや設計アウトプットを導くことができます。問題を的確に設定し解決目標を定めることができれば、問題は必ず解決できます。

したがって、以降は「問題設定と解決方向を探る」にこだわって、紹介します。

状況と実態から重要ポイントをいち早く知る　前にも述べましたが、マーケティング（リサーチプランニングを含む）、新事業開発、店舗開発、建築設計、コンピュータシステム開発、本や雑誌の編集企画など、企画設計に携わるプランナーはどのような仕事をしているのでしょうか。最初に、どんなことをするのでしょうか。マーケティングや新事業では、商品ブランドやサービスの消費市場を考えなければなりません。店舗開発と建築設計では土地とその環境状況、コンピュータシステム開発では開発対象となる販売、生産、経営管理などの業務、本や雑誌の企画編集では読者と時代性を考えなければなりません。プランナーは、企画設計の対象に関わる状況、実態をよく知る必要があります。企画設計のベテランは、状況、実態の中からすばやく重要ポイントに目を付け、逆に重要ポイントを中心に状況や実態を把握しています。無駄がありません。

医師の診断　ちょうど、医師が初診の患者を診断するのと似ています。医師は、患者とのやりとりから患者の病状について幾つかの病状（仮説）をすばやく感じ取ります。その上で、想定した病状であるかどうかをひとつ一つ、患者の身体を様々に診察するなど診断と患者への再確認によって、病状を確定します。病状が確定すれば、治療法を決めることができます。このように考えてくると、すべてのビジネス業務は、医師の一連の作業とよく似ていることが分かります。

診断を手早く、が成功条件　さて、状況や実態を知る作業ですが、やればきりがありません。中には、調べてみたけれどその情報はほとんど使わなかった、ということがしばしば見受けられます。闇雲に状況を調べても、そのなかに問題の解決に役立つ情報はほとんどありません。もっとポイントを絞って、その関連情報をさぐるべきなのです。このような調べ過ぎは時間と労力を無駄にするので、企画設計作業そのものを失敗に陥れます。多くは、時間切れです。状況を調べるために多くの時間を使ってしまい、プレゼンテーションの締め切りがきてしまうケースです。

これを避けるために、私の提案するマーケティングリサーチ　プランニング（Mrp）メソドロジーでは、診断業務そのものをできるだけ簡略化しました。ベテランが必ず検討する重要ポイントを三つだけ示しています（適用例　OMソーラーシステムの診断ブロック参照）。その後の作業である問題設定、目標設定や阻害要因、促進要因の検討の際に、再び状況と実態の把握を行うようになっています。状況と実態の把握は、普段からの問題意識、興味関心によって磨かれます。難しいことですが、ベテランは毎日意識して情報収集しています。どのように情報を感じているのか、これもまたベテランのわざです。若手は、ベテランの毎日の行動をじっと見て学ぶことが大切です。

問題設定と解決方向を探る（構想計画）

企画や設計の対象となっている問題は、いつも曖昧で漠然としているものです。問題やテーマが漠然として見えるのは、まだプランナーの頭の中に問題の解決方向が全く見えていない状態だからです。問題自体がまだはっきりわからないのに、どうして解決の方向を考えられるのでしょうか。プランナーは、問題を漠然と睨みつつ早くも解決方向を模索します。「何が問題なのか、本当の問題は何か」を問いつつ、どのような解決があるのか、を考え始めます。「問題は何か」と「解決方向をどのように考えるか」を同時に検討しますが、むしろ解決方向を考えるから問題の輪郭が見えてくるのだ、といってもよいでしょう。問題がはっきりしないうちに、もう解決の方向を考えるというのは、ちょっと矛盾を感じるかもしれません。しかし、実際やってみると、その通りなのです。問題は何か、を考えるためには、問題の状況、実態を知らねばなりません。状況や実態をどのように診断し、判断するか、重要な思考過程です。

問題の設定

状況や実態から問題設定するのは、「現実をどのように認識し、判断するか」に大きく依存します。まず、クライアント（またはプロジェクトリーダー）が何に関心をもっているか、どのような野心を抱いているか、何を期待しているか、を知ることです。次に、開発者であるプランナーも、自分自身が問題と感じる状況はどういうものか、プランナーとしてやりたいことは何か、など自分自身の考えを加えて、問題設定します。

とくに、人間の行動が関わる状況を問題とするときは、その問題の中に人々の何らかの思いや主張が必ず存在することを忘れてはいけません。人の思いや主張は、問題を構成する要因として客観的に捉えにくいのですが、「人々の思いや主張」の中に問題解決のための本当の狙い、「鍵」が隠されています。本当の狙いを知って、検討すべき問題範囲を設定することが大切です。

全体を鳥瞰すること　問題全体を鳥瞰できる人は、どんなに複雑で大きな問題を抱えても、用紙一枚に問題の全体像を描くことができます。状況を調べれば調べるほど情報は集まりますが、問題解決に役立つ情報はごく限られたものです。集めた情報をすべて用紙に書き出しても、構造や要因を明確に捉えることはできません。問題の全体状況を鳥瞰できて初めて、問題解決に役立つ問題の構造化ができます。

通常、問題に関するすべての情報がプランナーの手元にあるわけではありません。したがって、断片的な情報を手がかりに全体像を描かねばなりません。たとえば、クライアントからヒヤリングした断片的な情報を用紙に記入し、その隙間や余白にプランナーは感じる要因を書き加えることによって全体象を掴もうとします。クライアントが提示する未整理な情報を体系的に整理し、足りないところは別の情報で補いつつ全体像を描きます。このように問題がはっきりしない、曖昧なクライアントニーズを明確にしていく作業のなかで、プランナーは問題状況を診断しつつ問題解決方向を探ります。

場数を踏む　問題の全貌をどのように把握しているかによって問題解決の方向が左右されます。

問題状況に対する診断力は経験プラス感覚、センスの領域であって、問題診断力はプランナーにとって暗黙知といえるでしょう。診断力の向上は、とにかく多くの場数を踏むこと、実践的な訓練、あるいは実践の経験を数多く体験することです。

問題は絵画と同じ　同じ状況に直面しても、人によって問題の捉え方が異なります。マーケティングの問題で売上を達成するために、いつもの常連顧客にもっと買ってもらうか、そうではなくて顧客を新規開拓すべきかで、問題設定は大きく異なります。人により問題の捉え方が異なるのは、ちょうど風景画を描くことに似ているようです。画家は、風景の中から一番に感じ取ったものを絵画の中心に描きます。同じ風景でも、描く人の心の持ち方、印象、考えによって、本当に同じ風景を描いたとは思えないほど違いがあることは稀ではありません。これと同じように、問題状況から問題を捉えるとき、その捉え方にはその人の認識、経験、感性による違いがでてきます。その結果、異なる問題設定になるというわけです。

解決できる問題を設定する　「問題は、解決できるように設定する」というのは、当然です。解決できない問題設定をしても、意味がありません。問題状況を睨みつつ問題解決を探る中で、なかなか解決の方向が見えてこない場合には、問題の捉え方を変えます。これまでとは異なる視点で問題状況を見ながら、新しい解決方向を再び探ります。試行錯誤です。常に、頭をやわらかくして、まったく別の切り口、視点から問題状況を捉える、つまり「問題の捉え方、見方は、様々にある」ことを知っておかなければなりません。

問題解決目標の設定

診断作業の後に、メソドロジーは「問題解決の目標を設定せよ」と指示してきます。どのような状況を実現することが、問題解決になるのかを考えます。たとえば、マーケティングなら販売額、あるいはマーケットシェア、建築設計なら土地環境条件を生かした施主さんの満足する建物、コンピュータシステム開発では現作業よりも新しい価値を提供できるシステム、がその一例です。

問題解決目標の設定は重要です。問題解決目標を達成するために企画設計作業を行うわけですから、達成できない目標は設定しません。どのように目標設定するのでしょうか。このことは、実に不思議です、まだ問題自体をじっくり考えていないのに、達成できる問題解決目標を設定しなければなりません。ここでは、ベテランの知恵と経験が十分に発揮されます。企画設計における暗黙知です。

現状と目標とのギャップをどう埋めるか　そこで、現状と目標とのギャップを知るために、まず「現状を認識すること」と「目標を明確にすること」の二つの作業が必要です。プランナーは、問題全体を鳥瞰しつつ状況を診断しますが、同時に問題解決の目標を探ります。目標とは、問題解決によって何を狙うのか、期待する状態です。問題解決方向の先にある目標が決まれば、目標に到達するためにどのような手段、方法を考えればよいか、を検討できます。ちょうど、旅行計画の際、旅行地を決めて宿泊先や交通手段を検討するのと同じです。

切り口を探す　目標を明確にした後、目標を明確にした切り口や視点で、現状を把握します。目的地が決まれば、自分が今何処にいるのか、自分の位置がはっきりします。目的地と現在地が明らかになれば、その間の距離や障害物もはっきりみえてきます。現状と目標のギャップである「問題範囲と内容」が明確になります。つまり、目的地と方向、問題の範囲と内容が輪郭をみせてくるというわけで、これは既に問題解決への「方針」と呼べるものに相当します。

目標への到達方法を考える　問題解決の方針が決まれば、「どのように問題解決するか、の方法」を検討します。目標が決まってからの問題解決への筋書き（ストーリー）、あるいは処方箋です。目的地にいくために進路はいくつもあるので、その中から最も満足できる好ましい進路を選びます。最も早く行ける道であっても、混雑が予想される、または費用が余分にかかるなど多くの要因が関係してくるので、自分にとって本当に好ましい進路を決めることは決して容易ではありません。

ビジネス上での問題は、クライアントの期待や思惑、社会の規範や倫理など人間的、社会的な要因が複雑に関係してきますから、さらに難しい検討作業になります。

問題解決のために具体計画をたてる（課題計画）

問題を構成する要因が明確になり要因間の関係が把握できたとき、問題が分かってきた、といいます。問題を取り巻く状況のなかから、解決すべき問題、解決できる問題として設定できたのです。そうすれば、この後は、問題解決の手段、方法を検討すればよいということになります。つまり、「いかに問題を解くか」を考えればよいのです。

阻害要因の除去と促進要因の強化　「現状の整理」と「目標の明確化」によって問題の範囲と内容が明らかになりましたので、これから問題解決に向けてさらにもう一歩踏み出すことができます。そこで、「現状」から「目標」に到達する（問題を解決する）ための手がかり、攻略法を探します。どのように攻略するか、を考える前にどこを攻めるか攻略ポイントを検討します。

攻略ポイントは、「阻害要因と促進要因」の二つです。

阻害要因　阻害要因とは、問題を解決するという目的達成を阻害する要因です。阻害要因をとり除けば問題は解決するか、少なくとも問題解決へ向けて一歩前進できるはずです。阻害要因の除去は、これから先、問題解決に向けてどんなことが障壁になるかを発見する（予想する）という仕事です。

促進要因　問題解決に向けてチャンスとなる「促進要因」は何か、を発見することで、機会はどこにあるかを探します。目標に到達するために、これまでになかった新しい方法、アイディアを発想します。画期的な方法を考え出すことができれば、問題は解決し目標は確実に達成できます。「阻害要因の除去と促進要因の強化」は、各分野での固有の活動領域ごとに検討します。たとえば、マーケティング計画では、商品市場、企業、ブランド、消費者、販売流通、プロモーション・広告の六つのマーケティング活動領域ごとに、阻害要因と促進要因を調べます。以下のフォーマットを利用するとよいでしょう。（表4―2）

問題解決シナリオを描く　阻害要因を除き、促進要因を強化することによって、幾つかの具体的な問題解決ルートを探ることができます。その中から、目標達成に最もふさわしい問題解決ルートを選択します。この作業は、次々と新しい具体案を発想し問題解決ルートを変更したり、あるいはルートの変更に伴い、ちょっと魅力的な具体案を残念ながら一度捨てざるを得ないこともあります（表4―3）。

シナリオは物語　次は、選ばれた問題解決ルートに沿って、阻害要因を除去する具体案や促進要因を強化するアイディアを時空間で脈絡を附けて、問題解決へのシナリオを描きます。シナリオ作成には、過去の成功例や失敗例が参考になります。問題を構造化して得られる概念モデルは論理表現ですが、こ

表4－2　阻害要因と促進要因の分析（マーケティング計画の例）

	マーケティング活動領域	阻害要因（の除去）	促進要因（の強化）
1	•商品市場の動向 市場の成熟度、規模、競争実態など		
2	•企業 企業規模、企業活動ジャンル、企業イメージと評価		
3	•ブランドの競争上の立場 競合ブランドと比べての強みと弱み		
4	•消費者 購入者・使用者の特徴とその動機		
5	•販売流通 主な販売ルート、店頭状況、店の評価		
6	•プロモーション・広告 広告表現と受容実態、広告費と媒体配分、パブリシティ、販促活動		

の論理表現をベースに発想するシナリオは、物語表現です。物語表現は、次に展開する実施計画への意気込みや勇気を与えてくれます。シナリオによって、生き生きとした実施活動イメージが描けるからです。

メソドロジーの基本形は、これから実施計画、評価計画へと移行します。実施計画、評価計画では、マーケティングリサーチ　プランニング、コンピュータシステム設計、などの固有な具体的表現が必要になっていきます。したがって、実施計画、評価計画については解説を省略し、以降に掲げます、マーケティングリサーチ事例を参考にしてください。

表4－3　目標を達成する問題解決シナリオ

現在の状態	目標とする状態
問題解決の方向と効果的な対策	
問題解決へのシナリオ（箇条書きでよい）	

マーケティングリサーチ　プランニング（Ｍｒｐ）メソドロジー適用例
「ＯＭソーラーシステム住宅」の販売意欲向上

ＯＭソーラーシステム住宅の現状と問題点

ＯＭソーラーシステム住宅は、二〇年前に奥村昭雄氏によって開発され、市場導入された画期的な「住宅建築設計と手法」です。ＯＭは、奥村氏のイニシャルからネーミングしたものですが、後に「おもしろい、もったいない」というスローガンになりました。

ＯＭソーラーシステム住宅の特徴　昼間、屋根で太陽熱によって暖められた空気をダクトを通して床下に敷いた厚いコンクリートに蓄熱します。夜になって外気温が下がってくると、コンクリートに蓄熱された熱が周囲の空気を暖め、暖められた空気は住宅内に循環します。高気密、高断熱の住宅ですから、熱は効率よく循環し快適な生活温度を供給できます。私は、この住宅の特徴を聞いたとき、「あっ　石焼き芋の原理だ！」と感じました。先ず、石を暖め、暖められた石の熱によって芋を焼くので、おいしい石焼き芋ができます。コンクリートで暖められた空気は、人に、植物や動物に優しいという特徴をもっています。観葉植物は倍以上長持ちしますし、老人や呼吸器が弱い人にも適しています。基本的に、二四時間同じ温度で暮らすことができます。

なお、夏の暑いとき、冬日差しが弱い日が続くときは、それぞれ補助冷房、補助暖房が必要です。

長い間、留守にしても空気が循環していますので、帰宅直後も快適です。このシステムを住宅に設置するには、通常の住宅建築費プラス二五〇万円程度必要です。新築の木造住宅に適しています。

暖房は完璧に近いですが、冷房機能はありません。熱い空気をうまく外へ逃がす工夫はしていますが、空気の流れを設計に生かして快適性を向上すべく開発中です。環境に優しい住宅です。

建築は地域の工務店　お客の住居地の工務店が建築工事を行います。その土地の風土や特性を熟知している工務店が、建築工事を担当します。従来にない住宅建築ですし、OMソーラーシステムの実効果がお客によって評価されるので、OM工務店はOMソーラー協会会員となってOMの建築設計の考え方と手法をマスターします。現在、OMソーラー協会は、日本全国に約三五〇店の会員工務店をもっています。工務店は、大手の住宅建築会社の攻勢を受けて、生き残りに懸命です。したがって、OM工務店はOMという建築設計技術とブランド力によって地域で大手に対抗しようとがんばっています。意欲的な工務店、特に若い世代の工務店社長がOMに共感をもって会員になっています。しかし、会員工務店全店がOMに意欲的であるかというと、そうではありません。お付き合い程度で入会している、入会して何年にもなるがOMの動きについていけない、OM技術をマスターしたので後は自力でやりたい、など工務店事情は様々です。とくに、OM住宅の実績が無い工務店、実績の少ない工務店への働きかけがいま重要課題となっています。さらに、協会が様々な環境問題に取り組んでいることに対して、協会が工務店に目を向けていない、という不安、不信感さえもたれるようになってきています。協会の求心力が低下してきたのです。

OMソーラー協会　協会という名称ですが、株式会社です。会員制度を採用しているので、協会と名乗るのがよかったのでしょう。協会は、OMソーラーシステム住宅の販促会社と技術開発会社を兼ねています。会員工務店からの会費を収入として活動を始めました。工務店が技術を習得するための機会を有料で提供していますが、これも重要な仕事です。技術研修を終了した工務店が、OMソーラーシステム住宅の営業と販促をはじめます。工務店にとっては新しい仕事ですから不安や戸惑いがあります。これを協会の地域担当が応援するようになっています。発足当時から、新聞広告の全国展開を実施してきました。当初は、建築コンセプトや技術の珍しさもあって、新聞広告を見ての資料請求が殺到しました。ユニークな見学会にもお客が足を運んできました。その結果、これまでに一万世帯の顧客が、OMソーラーシステム住宅のオーナーになっています。

いま、OMソーラー協会は、大きな岐路に立っています。これまで築いてきた工務店とのネットワークが工務店のニーズを十分に吸収できない状態です。木造住宅市場も飽和状態で、大手の住宅建築会社の攻勢が一段と厳しくなっています。加えて、すべての大手住宅会社のマーケティング戦略が、太陽熱利用、太陽光発電、高気密・高断熱、など環境共生をアピールするようになりました。OMが発足当初から提示してきた内容ですが、現在ではOMの戦略性は住宅市場競争の中で薄れてきています。そこで、原点に戻り本来のOMソーラーシステム住宅の競争優位をはっきりと消費者に示さなければなりません。同時に、OM工務店に対しても、OMソーラーシステム住宅の販売拡大を誘導するべく対策が必要です。

ＯＭブランドの再構築と醸成　協会、ＯＭ工務店、そして顧客を対象にＯＭブランドの再構築が必要です。協会や工務店にとってＯＭとはいったい何か、ＯＭは何を消費者に提供できるのか、ＯＭは社会に対してどんな貢献が出来るか、などＯＭブランド目標を明確にします。ブランド目標を実現するために、それぞれの場で議論が必要です。そして、その結果をＯＭブランド目標として表現し、関係者に周知徹底します。ブランディングというと顧客への働きかけばかりが話題になりますが、むしろここではＯＭ関係者への働きかけを重視します。これを、インナーブランディングといいます。ブランドによって、協会、各工務店、関係先すべての結束を図ります。ブランド目標に沿って、各社、各部門、社員一人一人が何をすべきかを考え、実行しなければなりません。

ＯＭソーラーシステム住宅のマーケティング問題解決への適用例

診断ブロック――問題がどのような性質をもっているか、を知ると同時に、問題をある程度の範囲に限定する

ＳＴＥＰ１　クライアントの要望・期待を知る

ＯＭ各務店からの「協会への信頼感」を回復し、各工務店におけるＯＭソーラーシステム販売意欲を向上する。それは、これまでの協会の多方面の活動の中で、本業であるＯＭソーラーシステム販売事業の存在感が希薄となり、協会が工務店の要望、期待に十分に応えていないからである。会員工務店三五〇社のうち、昨年度の年間実績ゼロ棟および年間実績一～二棟などの低実績工務店のOMソーラーシステムへの取り組みを強化促進したい。

STEP2　商品の需要分析――商品レベルでの消費者の受容実態を知る。他の商品分野との競合も調べる。

OMソーラーシステムは、発売以来二〇数年独自の商品性を顧客に訴求し、新しい需要を開拓してきた。しかし、近年は、住宅大手メーカーがこぞって環境共生型住宅を前面に押し出してきたので、新規の住宅見込み客にとってOMソーラーシステム住宅の独自性イメージが薄らいできてしまった。

STEP3　ブランド競争分析――ブランドレベルでの競争実態について、消費者評価と理由を調べる。

「熱と空気をデザインする」OMソーラーシステムの独自性は依然として顕在であり、他の競合社の追随を許さない。しかし、新規住宅見込客がOMソーラー住宅の独自性を十分に理解するまでにいたっていない。このため、大手住宅メーカーの商品攻勢の中に、OMソーラー住宅は埋もれつつある。なお、既にOM顧客は全国一万世帯となり、顧客（OM住宅のオーナー）のOMソーラーシステム住宅に対する各評価は極めて高い。

STEP2とSTEP3によって、当該ブランドの商品市場における基本条件を知り、次のステップ「期待と目標の明確化、と阻害要因と促進要因の分析」から、問題解決に向けての方向を探る。

問題解決ブロック――目標を設定し、問題解決方向を探り、解決に役立つ課題を明確にする。

ＳＴＥＰ４　期待と目標の明確化

現ＯＭ工務店の協会不信を払拭し、協会と工務店の一体化によって、ＯＭソーラーシステム販売意欲を向上させる。とくに、年間実績ゼロ棟の工務店は一～二棟を、年間実績一～二棟の工務店は三～五棟を来年度目標とする。このため、ＯＭ工務店を含むＯＭグループは、ＯＭソーラー住宅の優位性である「ＯＭは、熱と空気をデザインする」を来年度の販売促進スローガンとして掲げる。新聞広告と工務店活動が連動協力して、新規住宅見込客に対してこのスローガンを訴求し、説明し、理解と共感を得る。

ＳＴＥＰ５　阻害要因と促進要因の分析――商品市場、企業、ブランド、消費者、販売流通、プロモーション・広告の六つのマーケティング活動ごとに、阻害要因と促進要因を調べる。

（表４―４参照）

ＳＴＥＰ６　問題解決ストーリーを描く――阻害要因と促進要因を検討し問題解決の方向を探り、問題解決ストーリーを描く。

表（表４―４）に示された阻害要因を除き、促進要因を強化する対策案を練る。とくに、競争上の相手（競合するブランド）を想定し、勝つための対策は何か、を検討する。

阻害要因を除去する対策と促進要因を強化する対策の中から、最も効果的である対策を選びだ

表4－4　OMソーラー問題解決の阻害要因と促進要因

		阻害要因（の除去）	促進要因（の強化）
1	・商品市場の動向 市場の成熟度、規模、競争実態など	・大手住宅メーカーがこぞって環境共生型住宅を前面に押しだしているので、OMの独自性イメージが希薄化している。	・オール電化や太陽光発電という動向に対して、協会はOM住宅の独自性を顧客へ明確に説明する。（埋没しないように、OMのアイデンティティを確立する）
2	・OMソーラー協会 企業規模、企業活動ジャンル、企業イメージと評価	・協会が環境問題で多方面に活動する中でOMソーラー事業がなおざりになっているように工務店から見られている。 ・商品（部材）の信頼性が低下し、メンテナンス体制も十分でない。	・OMブランドの醸成と強化によって、工務店を含むOMグループの結束と一体化を図る。 ・自立運転型ハンドリング登場で、品質問題はクリアーできそう。 ・メンテナンスを事業化する。
3	・商品・ブランドの競争上の立場 競合ブランドと比べての強みと弱み	・大手メーカーの攻勢に対して、OMの独自性イメージが希薄化している。 ・OMがどのメーカーと競争しているのか、わからない。 ・OMブランドとは何か、明確でない。	・OMブランドを確立する。 ・5年、10年変わらないブランド構築が必要である。 ・OMブランドをグループ全体で醸成し、強化する。 ・フォルクスAを戦略商品とする。
4	・消費者 購入者・使用者の特徴とその動機	・新規の住宅見込み客にOMの本当のよさが伝わっていない（暮らしてみないとわからない本当のよさ） ・新規顧客開拓が十分にできていない。	・既OM顧客一万世帯では、OMソーラーシステムは高い評価を得ている。 ・ひまわり会会員に対して、モニター依頼を継続して行い、モニターの周囲の人たちへ口コミを誘発する。
5	・工務店の動向	・協会と工務店の足並みが揃っていない。 ・工務店は協会が本業離れしている、と受け止めている。 ・工務店の営業や設計者がOMの本当のよさを知らない。 ・工務店の向上意欲が低い。 ・工務店の世代交代で先代社長の思想継承が十分でない。 ・10年以上の会員工務店からみるとOMのコア技術に革新的な進歩がない。 ・新入会員は、協会の多岐にわたる活動についていけない。	・OMらしい高度な設計力が必要とされる。 ・新規顧客獲得のための媒体、特にネットを活用する。 ・工務店と協会のコミュニケーションを充実する。とくに、対面での話し合いを促進する。 ・OMブランドを工務店の目標とする。OMブランドに貢献する工務店活動によって工務店自体の活性化をおこなう。（インナーブランディングという。）
6	・プロモーション・広告 広告表現と受容実態、広告費と媒体配分、パブリシティ、販促活動	・これまでは、毎年、広告テーマを選んできたので、時系列的な統一感に欠ける。 ・このため、OMブランドの統一イメージ醸成が希薄である。	・OMの競争優位である商品性に基づくOMイメージを確立し、販売競争上のアドバンテージとする。 ・「熱と空気をデザインする」というOMコンセプトを明快に表現する資料（科学的根拠があることも）を見込み客に提示し、活用する。 ・OMエコショップをプロモーション活動のコアにする。

表4－5　OMソーラー問題解決への目標ストーリー

<table>
<tr><td>• 現在の状態
OMソーラーシステムの販売停滞</td><td>• 目標とする状態
OMソーラーシステムの販売拡大</td></tr>
<tr><td colspan="2">• 問題解決の方向と効果的な対策
OMソーラーシステムの販売を拡大するために、協会と工務店の一体化を実現する。この一体化を実現するために、以下の3つの対策を実施する。
①「OMは、熱と空気をデザインする」を、協会と工務店が協力して新規住宅見込客に訴求し、説明し、理解と共感を得る。
②低実績工務店（年間実績0棟および1～2棟）でのOM取り組みへの阻害要因を探索し、阻害要因をとり除く対策を立案し、実施する。
③OMブランドを明確に定義し、工務店を含め、広くOMグループ全体、社員に浸透させる。
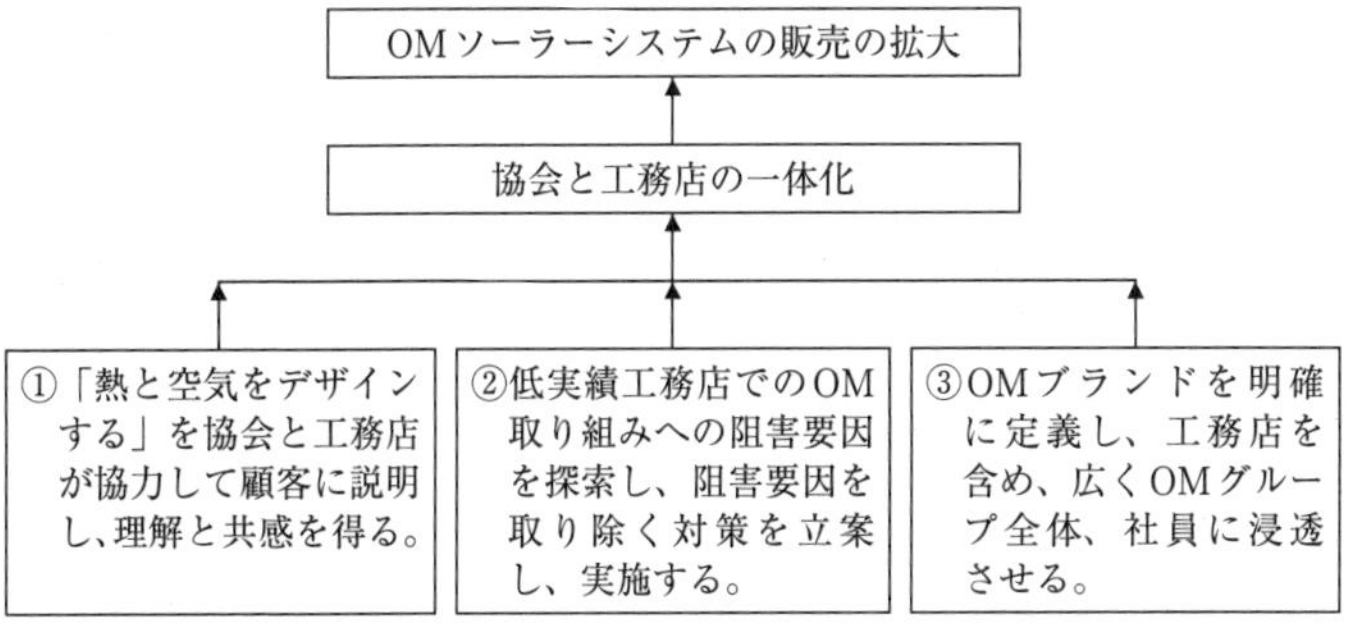
</td></tr>
<tr><td colspan="2">• 問題解決へのストーリー
①協会は、「熱と空気をデザインする」を販売スローガンとして、新規住宅見込み客に説明できるような資料を作成し、この考え方と説明方法を会員工務店に提示する。協会の方針に沿って、工務店は営業を中心にOMの競争優位であるスローガンを積極的に見込み客に説明し、理解と共感を得る。なお、協会は、「熱と空気をデザインする」を06年全国新聞広告の訴求テーマとする。
②低実績工務店でのOM取り組みへの阻害要因を取り除き、OM販売意欲を向上する。年間実績0棟は年間1～2棟を、年間実績1～2棟は年間3～5棟の達成を目指す。このため、該当する工務店については、協会内部で阻害要因に関わる情報を整理し、阻害要因をとり除く対策を立案する。対策の中から、実現可能で実効のある対策を実施する。
③「協会と工務店、さらにOM顧客」の全体をくくるOMブランドを明確に表現し、これを共有することでグループの一体感を醸成する。すべてのOM活動が、OMブランドを充実させ、強化するように互いに働きかける。各OM関係者グループの立場からOMブランドを把握し、現状とのギャップを埋める対策を立て実行する。インナーブランディングによってOMブランド総体の活性化を目指す。</td></tr>
</table>

す。（表4―5参照）

STEP7　問題解決ストーリーに工夫を加える。

先に選び出した要因と発想した断片的アイディアとの脈絡をつけていくことで、問題解決ストーリーに工夫を加える。失敗事例を参考に、問題解決ストーリーを強化する。（クライアントと打ち合わせて、この内容を確定する。）

調査企画ブロック――問題解決ストーリーに役立つ調査課題と具体的な要因について、調査を企画する。

STEP8　調査課題の明確化

課題解決の方向にもとづく、阻害要因の背景、除去するための条件、そして促進要因の強化条件について、これらを明らかにする調査課題と内容を検討する。調査課題は、重要度の順番に二～三項目に限定し、課題を構成する具体的な内容（調査項目や質問文レベルで捉えられるとよい）を設定する。（表4―6）

STEP9　調査実施計画の確定――調査課題と具体的な内容を明らかにするための、調査実施計画を検討する。調査対象者とその条件、調査実施方法、調査結果の分析方法、調査結果から想定できる提案内容について、確定する。

表4－6　OMソーラー調査課題の内容

	調査課題	調査課題を構成する具体的な内容
A	「熱と空気をデザインする」OMコンセプト受容調査	OM顧客と新規住宅見込み客グループ別に、OMコンセプトの受容認知の違いを調査し、分かり易い表現案を作成する。
B	低実績工務店のOM取り組みへの障害要因調査	協会営業を中心に、該当する工務店でのOM取り組みの障害となっている要因を捉え、対策を立案する。
C	OMブランドイメージ調査	企画部で、「OMとは、何か」を議論し、望ましいOMブランドイメージの文章表現を作成する(この後、教会内部、工務店、顧客、住宅見込み客別にOMブランドの現状を把握し、それぞれのギャップと原因を調べる)。

表4－7　OMソーラー調査実施計画

	調査課題A	調査課題B	調査課題C
1.調査対象者とその条件	「熱と空気をデザインする」OMコンセプト受容調査	低実績工務店のOM取り組みへの障害要因調査	OMブランドイメージ調査
2.調査実施方法	グループインタビュー調査(2グループ) • OM顧客 • 新規住宅見込客	協会の営業が中心になって、OM取り組みへの阻害要因を整理し、対策を立てる。	企画部が中心となって、OMブランドの望ましい表現を作成する。
3.調査結果の分析方法	内容分析	KJ法ほか	(議論)
4.調査結果から想定できる提案内容	OMコンセプトの表現と説明方法	OM取り組みへの障害をとり除く対策	OMブランドの望ましい表現方法

表4－8　OMソーラー調査企画書

1	調査オリエンテーションの確認 (とくに、クライアントからの指示、期待、条件など)
2	マーケティング上の目標と課題解決の方向
3	調査課題と明らかにすべき具体的内容 (調査結果から期待すること)
4	調査実施計画　調査対象者とその条件 ・調査実施方法　調査結果の分析方法
5	調査スケジュールと費用 ・調査スケジュール　・調査費用

調査課題ごとに調査実施計画を作成する。それぞれの調査実施計画を内容と方法によって統合・整理し、最終案を確定する。一つの調査課題に対して、複数の調査実施計画が、また、複数の調査課題が一つの調査実施計画に統合されることもある。（表4―7）

STEP10　調査企画書の作成（項目を列挙するにとどめ、具体的内容は省略します）（表4―8）

プレゼンテーションブロック

STEP11　調査企画プレゼンテーション

問題解決ストーリーをベースに、クライアントの要望・期待に応えるプレゼンテーションストーリーを作成する（内容は省略します）。

メソドロジー開発は二十一世紀の重要テーマ

漠然とした状態から、企画設計、研究の具体作業へどのように進めていくか、マーケティングプランニング、システム開発や学校教育研究の現場でも、多様性の中で方法論を確立しメソドロジーを活用する試みがスタートしています。企画設計は、どのように実施するかの考え方と方法を事前に検討するものです。そして、計画・設計メソドロジーとは、「企画設計そのものを、どのような考え方と方法で行うのか」を示す計画や設計のためのシステムに他なりません。このメソドロジーがしっかりしていれば、そしてプランナーがメソドロジーをよく理解できていれば、質の高い、魅力的で、説得力ある計画や設計が確実に提案できます。企画設計成功への確実性、企画アウトプットの向上、後継者の養成などに向けて、すべての企画分野において「メソドロジー開発が二一世紀の主題になる」と私は確信しています。これまで、人の経験と勘に頼ってきた企画設計、開発、研究作業が、メソドロジーという基盤を整備強化することによって、多くの人たちから注目され理解されるように願っています。

第5章　企画・設計メソドロジーの具体例

企画・設計メソドロジーは、その活用が普及定着していないので具体例は挙げることが難しいのですが、以下に電通MAPシステムとPRIDE—ISEMの二つの例を紹介します。電通MAPシステムは、電通が一九六八年に独自に開発した「マーケティング体系に位置づけられた広告計画を立案するための電通方式」です。また、PRIDE—ISEM（Profitable Information by Design—Information System Engineering Methodology）は、システムの分析、設計、プログラミングの設計、保守といったシステム開発工程全般を支援する方法論（メソドロジー）で、一九七一年米国M.Bryce & Asssociates 社が開発しました。なお、この二つの例のあとに、マーケティングリサーチプランニング例として「富山のくすり」があります。

電通MAPシステム

MAPシステムは、マーケティング&アドバタイジング　プランニング　システムの頭文字をとって、MAPシステムとネーミングされました。マーケティング計画は、商品（化）計画、価格、販路、そしてプロモーション計画の四つの計画の組み合わせであるマーケティングミックスによって構成されます。そして、プロモーション計画は、広告、PR、人的販売、販売促進の四つの個別計画の組み合わせ、つまりプロモーションミックスとして構成されます。

したがって、マーケティング計画は、マーケティング課題を達成すべく四つの計画ミックスとして立案作成され、商品（化）、価格、販路、プロモーションの四つの課題がそれぞれ明確になります。同様に、プロモーション計画でも、プロモーション計画によって達成すべき課題をプロモーションの四つの個別計画をそれぞれの課題を担うように作成します。このように、ＭＡＰシステムは、広告計画が達成すべき課題をマーケティング計画のなかで明らかにするように導きます。広告計画が単独に存在するのではなく、マーケティングという大きな項目から順次小項目へと計画を具体化し、広告計画を立案します。（図5―1参照）

広告計画のシステム化への社内の戸惑い　こうした一連の計画作業を、マーケティング体系、マーケティング理論に基づいてシステム化したものが、電通ＭＡＰシステムなのです。電通ＭＡＰシステムは、電通方式の広告計画立案メソドロジーです。いわば、広告計画作業の標準化を行ったということです。このＭＡＰシステムの出現に対して、電通社内は騒然としました。というのは、広告づくりは個人の能力、個性、趣味、そして極めて感性豊かな資質を必要とする仕事、という考えが当たり前であったからです。したがって、「広告計画のシステムがつくられた、誰もが広告をつくれる、同じような広告ができてしまう」という話が社内を駆け巡って、大騒ぎになったのです。このとき、

図5－1　MAPマーケティング計画の構成

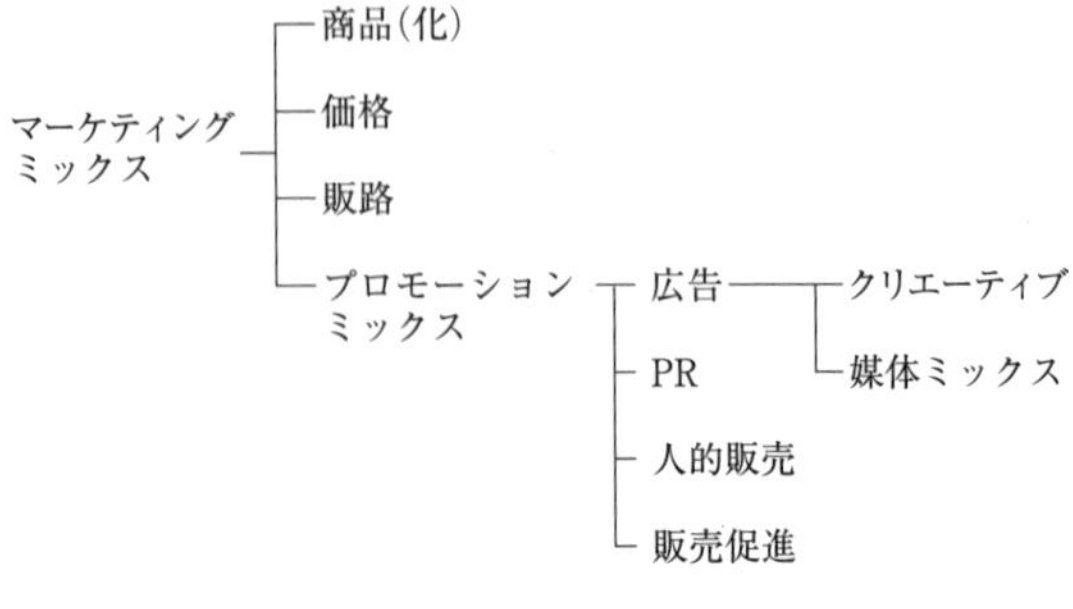

ＭＡＰシステムを開発した研究部は、ＭＡＰシステム開発の意図を次のように説明しています。

「広告が人間の心理に対する働きかけである以上、計画立案者の深い洞察力、豊かなアイディア、ユーモアのセンスなどが必要なことはいうまでもないことです。しかし、こうした個性が十分に発揮されるためには、広告計画の立案プロセスで、アイディア以外によって、分析され、決定されるべき諸要因が明確となり、そのための情報と処理の手順が、体系的に整備されていなければなりません。」

つまり、アイディアを必要とする部分と機械的に処理する部分とを、明確に切り分けて計画作業を進めるためのものである、と強調しています。がしかし、その当時のコピーライターやＣＭプランナーは、ＭＡＰシステムの狙いを理解できず、かなり反発していました。しかし、業界では、「電通ＭＡＰシステムは画期的である」と評価を獲得していきました。誰もが広告計画に携わることができるシステムが開発された、これまでの広告づくりを一新する可能性をもつ、電通の広告作りのノウハウが体系化されている、と受け止められたわけです。確かに広告界に与えたインパクトはかなり大きかった、と思います。

電通ＭＡＰシステムは、広告計画の業務標準　ＭＡＰシステムに従って作業をすると、社内の誰もがマーケティングの諸条件を細かく洗い出しながら、個別課題をもきちんと「書く」ことで確認し合いながら計画作業を進めることができます。計画作成の段階で、広告実施後の評価をするための評価調査計画をも作成するように薦めます。こうした考え方、やり方は、ベテランにとっては大変煩わしい存在であったようです。自分たちが身につけてきた「考え方とやり方」が、正面から挑戦を受けたのですから。「課題は何か、計画の代替案はできているか、他の計画との整合性は、評価計画などの計画作業は、ＭＡＰシステムが示すようにできたか」など、その都度チェックされます。この結果、ベテランの一部は、そっぽを向き、ＭＡＰシステムについて不平、不満を語るようになりました。現在、電通ＭＡＰシステムというメソドロジーそのものは、社内で話題になることもなく活用されていませんが、その当時の若い人達（私を含めて）はＭＡＰシステムが自分たちの業務標準として教育訓練されました。その結果、電通の広告計画作業のレベルは一段と向上したのです。

電通ＭＡＰシステムは、近代的な広告計画作りに功績を残した、と筆者は確信しています。一九六八年当時の開発資料は、電通ＭＡＰシステムの特徴を以下のように説明しています。

電通ＭＡＰシステムの特徴　電通ＭＡＰシステムは、計画システム、データシステム、コントロールシステムの三つから構成されています。これらのシステムは、ちょうど歯車がかみ合って動くように、互いに密接な関連をもっています。（図5―2参照）

図5－2　電通MAPシステムの構造

計画システムは、十九のサブシステムから構成されており、各サブシステムは、計画思考と分析作業との関連を有機的に組み合わせたものです。データシステムは、計画システムの分析作業を円滑にするためのものです。データシステムは、必要なデータを収集し、処理し、保管する機能をもっています。コントロールシステムは、二つの働きをもっています。一つは、与えられた問題を解決するために必要なサブシステムをどのように組み合わせるか、問題解決のための計画思考と分析作業をつくりあげることです。この働きによって、多様な問題に対して対応することができます。二つ目の働きは、MAPシステムをより高度なものに発展させるために改良すること、システムのバージョンアップです。

電通MAPシステムの5つの特色　広くマーケティング問題を捉える包括的システムであることが、第一の特色です。このシステムを用いることによって、常に広告計画作業を軸としながらもマーケティング全体の広い視野が与えられ、提起された問題がマーケティングおよび広告計画のどのレベルにあるかが、明確にされます。（図5—3 次ページ参照）

第二の特色は、作業単位ごとにパッケージ化されていることです。提起された問題に対しては、必要となるパッケージだけをとりだすことによって、問題解決に当たる一連の処理過程を簡単に構成することができます。提起された問題が、計画システムのどの段階に位置付けられるかということだけを判断すれば、計画に必要ないくつかの作業とデータが明示されます。

第三の特色は、計画の各段階で代替案の作成、評価、決定が行なわれることです。各計画段階で

図5－3　MAP計画システムの計画フロー

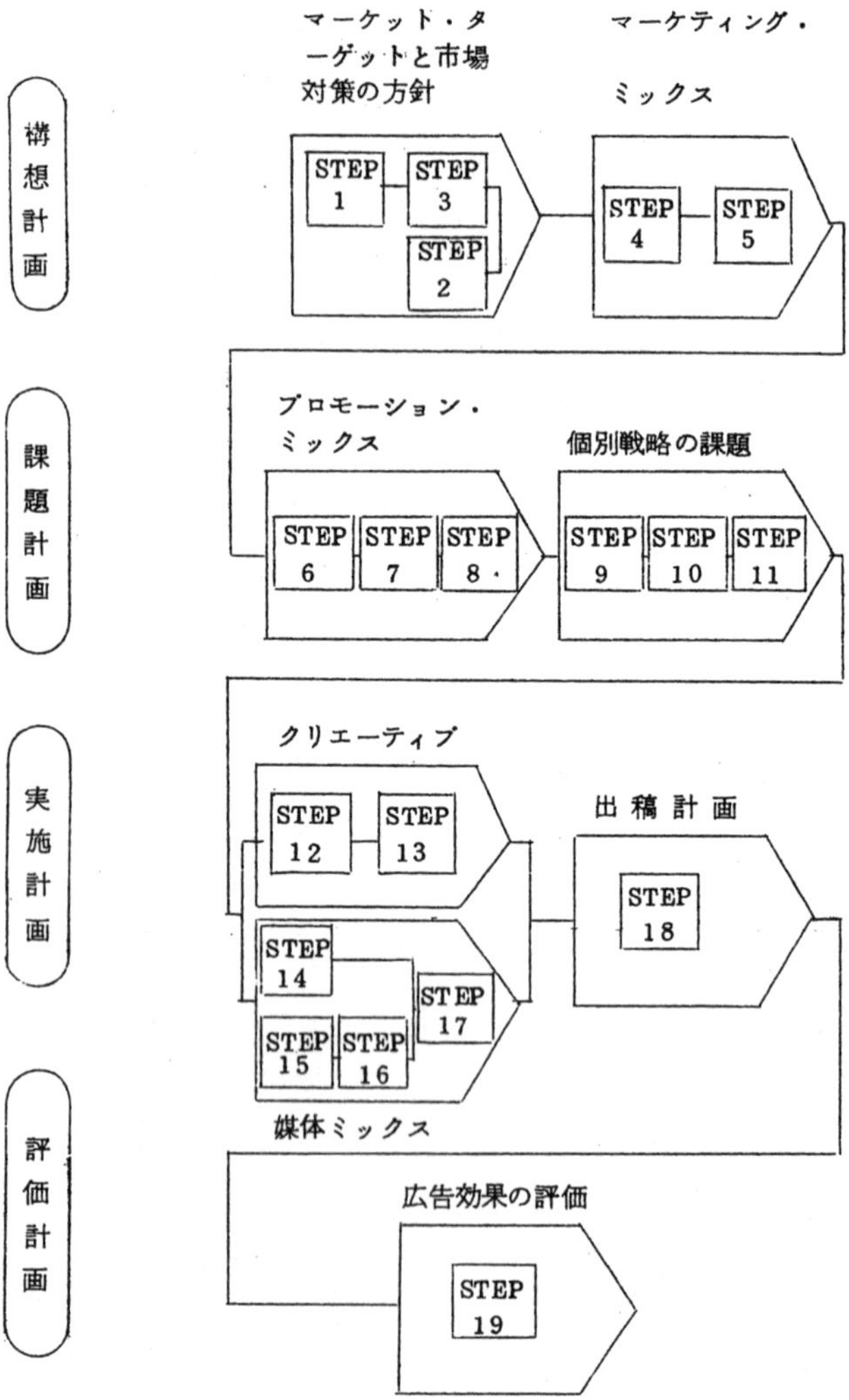
構想計画
課題計画
実施計画
評価計画
マーケット・ターゲットと市場対策の方針
マーケティング・ミックス
STEP 1
STEP 3
STEP 2
STEP 4
STEP 5
プロモーション・ミックス
個別戦略の課題
STEP 6
STEP 7
STEP 8
STEP 9
STEP 10
STEP 11
クリエーティブ
出稿計画
STEP 12
STEP 13
STEP 18
STEP 14
STEP 17
STEP 15
STEP 16
媒体ミックス
広告効果の評価
STEP 19

代替案を作成し評価することによって、広告主とプランナー両者の考えが一致する広告計画を立案できるように配慮されています。

第四の特色は、作業の処理方法が明確に示されていることです。作業単位ごとの各種の分析手法は、人間のアイディアを必要とする部分と、機械的に処理できる部分とに分けられています。人間のアイディアの役割を明確にすることによって、統一的なシステムを用いるときに懸念される内容の画一化を防いでいるのです。

第五の特色は、広告評価が三つのレベルで行われることです。広告評価を媒体目標、広告目標、およびマーケティング目標の三つのレベルで評価しています。このような多段階的な目標を設定し効果の測定評価をすることは、マーケティング計画に位置づけられた広告計画を立案するというMAPシステムに欠くことはできません。

電通MAPシステムの効果　新しいものに対する抵抗はありつつも、自分たちの日々の仕事を客観的に体系的に示されたことによって、社内や業界に大きなインパクトを与えたことは事実です。これまでは、先輩から代々教わってやってきた仕事のやり方、考え方をただひたすら受け継いできた中堅、ベテランにとって、今後は新しいやり方で仕事をやらなければならないのか、という不安と期待が入り混じった状況を迎えたのです。しかし、MAPシステムは、仕事のやり方を強制するものではなく、個人個人に対して新しいやり方提案を行うものでありました。MAPシステム全体を活用するのではなく、必要な計画ユニットを選択・組み合わせてふさわしい作業をパッケージ化することが頻繁に行なわれるようになりました。特定のマーケティング問題、あるいは広告課題に適用する場合、ＭＡＰシステムは有効であると、歓迎されたのです。誰もが、新しい考え方、やり方を待ち望んでいたからでしょう。ＭＡＰシステムの開発、導入効果としては、以下の４点をあげることができます。

①　特定課題への柔軟な対応。

特定課題への対応は、各計画作業単位を組み合わせることから始まるので、自分自身で小さな計画システムを開発するようなものです。各計画作業ユニットごとに、明確なアウトプットフォーマットが規定されています。アウトプットから次のアウトプットまでの道筋は、ＭＡＰ計画システムが規定しているやり方に必ずしも従う必要はありません。むしろ、自分が具体的な問題のなかで創意工夫することのほうがやりがいがあり、楽しみでもありました。やり型が規定されていることよりもアウトプットが規定されていることが、特定の課題にたいして柔軟に適用することを容易にしたのだ、と思います。アウトプットは、原則的に表頭と表側が規定されている表の形式です。表形式は、アウトプットの形式として極めて明確で分かり易いのが特徴です。表の升目を埋める作業ですが、この作業は、新しいアイディアや項目間の関係性や矛盾を発見するのに役立ちます。先に、述べたように、特定の課題に対する適用面では、多くの利用実績を残すことができました。この実績を積み重ねて研究開発をすることで、次期の開発テーマが次々と生まれました。購買動機に関する研究、需要予測手法、マーケティングミックス戦略対応表、プロモーションミックスの戦略対応表、商品の類型化、広告目標の設定と効果測定、クリエーティブ作業の体系化、コンピュータによる媒体ミックスモデルの開発などがあげられます。

②　計画の共有。

プランナー作業は、他の人には極めて分かりにくいものです。いま、何をやっているのか、もうすぐ計画はできあがるのか、何を悩んでいるのか。MAP計画システムは、その第一の特徴は「包括的システム」であり、文字通りMAP、つまり地図の働きがあります。常に、広告計画作業を中心に、マーケティング全体の広い視野が与えられ、課題がどのレベル、どの位置にあるか、が明確にされます。このため、個人作業においては、いま、どのレベル、どの位置にあって自分が計画作業をすすめているか、を自覚できます。プロジェクトチームのような集団であれば、チームメンバー相互の計画作業内容を正確に共有できるので、互いに議論し助け合うことができました。チーム作業にとって計画の共有化は、大事なことです。MAP計画システムという広告計画作業の標準（スタンダード）があって、はじめて実行できることなのです。

③　評価の大切さ。

計画は、その都度、いくつかの代替案を作成し評価を行いながら進行します。いくつかの代替案を作成することは、プランナーにとってかなりの負担ですが、代替案を比較評価することによって得られる知見とそのプロセスは、実りあるアウトプットへの鍵です。MAP計画システムは、マーケティング、広告、媒体の三つの計画レベルで、それぞれの計画について消費者評価を中心に行うように指示しています。一般的には、マーケティングは販売（金額、あるいは数量）、マーケットシェア、広告は消費者調査による認知やイメージ、媒体は到達範囲、到達頻度などを用いて定量的な評価を行います。

定量評価できない場合、消費者がどのように受け止めているかを、物語（事例）として定性的に評価することもあります。定性的に物語評価することによって、定量評価では見えなかった部分を発見することがあります。「評価があって、はじめて計画案の有効性が確認できる」、このことも電通、および広告クライアントに浸透するようになりました。

④　データシステムの発展。

データが供給されないと、計画は作成できません。つまり、データは、軍隊でいえば計画への兵糧に相当します。ＭＡＰ計画システム開発当初は、計画が必要とするデータは極めて貧弱でした。理論的には計画システムが示すようにやらなければいけないのですが、肝心のデータが無いのです。データを補うために、その都度調査や情報収集をしていては間に合わないし、個別に経費もかかります。各部門から、データの整備、データ開発を急げ！という声が上がりました。

計画システムは、データシステムの「産みの母、育ての母」でした。データシステムの開発基本計画は研究部門で担当し、開発と運用は情報センター（当時は、資料センター）で分担することになりました。情報センターの利用窓口での「データや情報に関する利用者とのやりとり」は、予想できない未知のことばかりでした。「データとは、なまもの」であることを実感したのです。克服すべき問題は多く有りましたが、それ以上に社内外からの情報ニーズは強く、情報センターへの期待は大きくなるばかりでした。開発当初の三年で、情報サービス原型を整えた後はMAPデータシステムは独自の発展を遂げていきました。既に、三十五年以上の実績を重ねている情報センターがあるからこそ、戦略プランの作成ができる、という状況が社内の随所に見られるようになりました。

MAP計画システム自体にはそれほど目立った進展はなかったのですが、MAPデータシステムを運用する情報センターは、経験、体験の積み重ねによってたくましく成長し、Web時代を迎えました。プランナーが自分のデスクで情報、データを巧みにプランニング作業に取り入れ、プランニング作業自体をも変革できるようになってきています。

その当時の開発者の声　開発者である研究部は、「創造的な仕事であるからこそ、計画のシステム化、メソドロジーが必要なのだ」として、次のような見解を述べています。

電通MAPシステムは、現実の広告計画の立案に役立てることによって、広告作業の科学化は一段と進むであろう。しかし、このシステムを機械的に適用することによって、優れた広告計画が生まれるわけではない。創造的思考を失った広告活動は、十分な効果を発揮できない。

広告計画のプランナーは、創造的思考のために十分な余裕が必要である。計画のシステム化、システムズアプローチこそ、この要請に応えるもっとも有効な解決手段であり、電通MAPシステムの開発の狙いもそこにある。

システム開発方法論　ＰＲＩＤＥ―ＩＳＥＭ

ＰＲＩＤＥ―ＩＳＥＭ（以降、ＩＳＥＭという）は、システム開発作業をいくつかの工程にわけ、各工程で考えるべきこと、行うべきことを細かく標準化し、作業者が一定の手順にしたがって作業が進められるように支援します。電通ＭＡＰシステムの計画システムと、きわめてよく似ています。メソドロジーを表現すると、いずれもこのようになると、思われます。（開発者のM.Bryce氏が二〇〇四年に亡くなられたのは、残念です。）

ＰＲＩＤＥ社の松平和也社長は、「ＩＳＥＭは、システム開発のシステム化である」と表現しています。ＩＳＥＭは、より高い視点から全体を鳥瞰する、という情報システム概念を第一としています。この概念に基づいて、システム設計ための構造（モデル）をくみ上げる設計思想、手順、および分析を体系化のした「システム開発方法論」です。ＩＳＥＭは技法とツールを内臓しており、システム開発を支援するためのシステム、いわば設計計画システムです。日本においても、かつてはコンピュータメーカー各社がシステム開発メソドロジーを開発し自社営業に役立てていましたが、現在はそのほとんどが使われていません。大きなエネルギーを要するメソドロジーの更新、改善ができなかったからでしょう。そのような状況の中にあって、現在も新しい顧客を獲得している例は、ＰＲＩＤＥ社のＩＳＥＭ以外にはありません。ＰＲＩＤＥ社は、米国を中心に世界各国で、

1600セットの販売実績をもっています。日本では、松平氏が一九七五年に日本での販売権を獲得し、ISEMを市場導入しました。日本でのISEMユーザーは300社で、現在も引き続き売れているということです。ISEMユーザーは、日本プライドユーザ会を組織し、技術、経験、交流の研究会、親睦会を活発に運営しています。以下に、ISEMの特徴を示します（出典：情報システムの計画と設計、社団法人情報処理開発協会、1991、倍風館）

ISEM方法論の6つのコンセプト

ISEMは、方法論である。方法論は、論を形成する概念（コンセプト）が有機的に組み立てられたものである。このISEM方法論は、システム概念が6つのコンセプトとして整理され、システム開発やメンテナンスのあらゆる面で「何故、このようにやるのか」という問いに答えることができる。6つのコンセプトは、ISEMの規範であり、基準である。

（1）　情報誘導型設計

すべてのシステム化は、ユーザーの情報欲求からスタートして設計されなければならない。情報欲求から、データ構成と必要なタイミングをそれぞれ分析し、データ系とプロセス系とが同期しつつ、お互いに独立した設計が保証されるようにする〔全体図5—4〕。

（2）　普遍的システム構造

すべての情報システムには、四階層（システム、サブシステム、プロセジャー、オペレーションあるいはモデュール）の普遍的な構造が存在する。この構造は、自動車、船、時計などのハードウエア製品の製造過程と同じ構造である。システムの設計過程では、この普遍的な構造に基づいてトップダウンアプローチされるべきであり、逆に、開発、移行過程は製造、組み立てプロセスと同じようにボトムアップでおこなわれるべきである。（したがって、ＩＳＥＭは、設計が４つのフェーズ、開発（テスト）・運用が４つのフェーズ、最後に監査の一つのフェーズ、合計９つのフェーズから構成される。）

（３）データ管理

図５－４　PRIDE-ISEMのシステム設計フロー

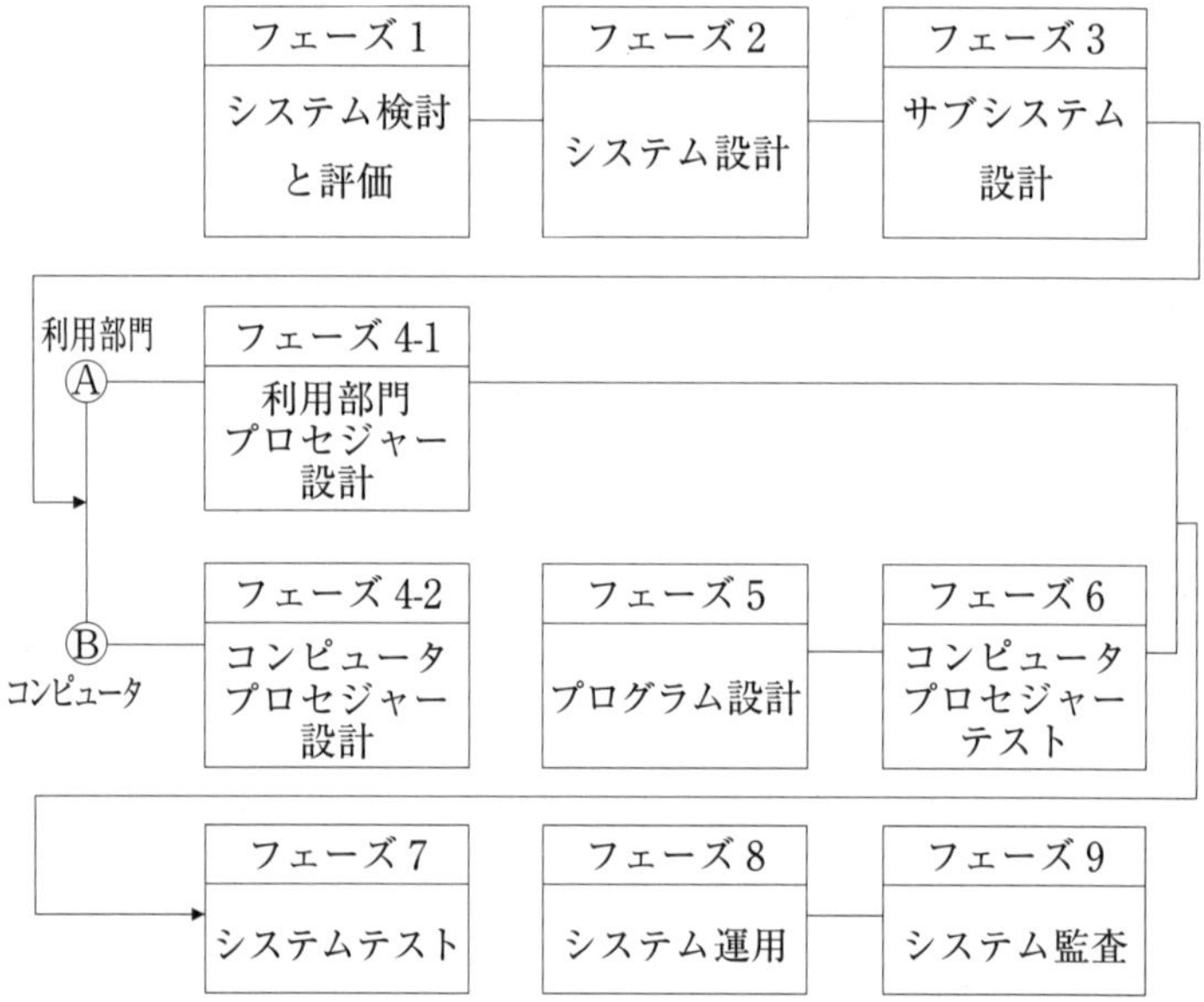

データと情報を区別する考え方であり、データは情報の素材として管理されなければならない。この考え方から構築されるデータベースは、人、物、金と同じく、重要な企業経営資源の一つと認知すべきである。

（4）　情報資源管理

システム（プロセス）とデータが有機的な連携を保ちつつ設計されるなら、その運用段階でも相互関係を明確化し、持続することが可能である。その管理下では、システム変更が発生した場合も、その影響度分析、維持・管理がシステマティックに、容易に行える。

（5）　プロジェクト管理

システム開発におけるプロジェクト管理は、有効なシステム設計手法をベースに行うことによって、初めて効果がある。システム開発は、システムの普遍的構造に沿ってトップダウンで設計されるフェーズアプローチによって行われるが、そのプロジェクトは4つの機能すなわち見積もり、日程計画、実績報告、指導と管理のサイクルにおいて管理されなければならない。設計方法論をもたないプロジェクト管理は、地図の無い旅に出るのと同じである。

（6）　ドキュメンテーションとコミュニケーション

システムの設計過程、開発過程の各フェーズごとに、適切なドキュメント（図面と仕様）が作成され、これによってシステムの開発者と利用部門との間で円滑なコミュニケーションを図らなければならない。ドキュメントは仕事の手段であり、仕事（設計）をすると結果的に

――ドキュメントが完成するようになっている。

松平和也氏は、メソドロジー（方法論）＝コンセプト＋方法　であるとして、メソドロジーを以下のように説明しています。方法（メソッド）とは、特定なタスクを実行するための手順手続きです。メソドロジーとは、複数のメソッドを統合したもので、いくつかのコンセプト（原理原則を説明したもの）に基づいて手順を遂行して課題を達成するアプローチです。この手順は手法や技法を規定しますが、手法や技法は原理、原則を外れない範囲で変更できます。たとえば、

〔例1〕利用部門の経営課題抽出にあたり、KJ法を適用しようが、KT法を利用しようが、原理原則である「情報要求主導型設計」に外れることはない。

〔例2〕システムの構造を安易に変更することは、四階層構造を原則としていれば、開発全工程が9工程（フェーズ）に規定されるというルールが瓦解する。この場合、階層構造を勝手に変更できない方法論とみるべきである。

〔例3〕ドキュメンテーションを書かないというアプローチをとることは、やはりルール違反になる。ドキュメントによってコミュニケーションを行うというコンセプトに反するからである。天網恢恢疎にして漏らさず、というが、論＝オロジーという言葉は伊達についていない。

特に、設計方法論といわれるものは、「何故、この段階でこのような作業をやらなければ

ならないのか」を示してくれる。設計者の心に働きかけて、「何故、手を抜くのか、何故これをやらないのか」を叫んでくれる。方法論は、設計という創造的作業に柔軟な枠、足かせを与えることができる。

（参考 Infotech State of the Art Report――― Freeman & Griffins 対談より）

M.Bryce氏は、ＩＳＥＭ開発の動機について、次のように語っています。

システムとは目に見えず、触れることもできない構造体である。システムを構想、設計、開発する過渡的段階では、ただでさえ掴みどころがないものを仮想するわけであるから厄介である。一方、開発プロジェクトには、その専門分野、経験、レベル（肩書きとは限らない）、立場の異なる様々な関係者が参加するわけであり、そのメンバーの数が増えれば増えるほど、互いの認識を一致させるのはきわめて難しい。しかし、自動車、家電、建築をはじめとする各業界では長年の経験を経て、まだ見ぬ製品を各人がそれぞれ表現し、確実に伝える手段をデータベース化している。その結果、着想から設計、製造に至るまでの工程を分業し、そして自動化をみごとに達成してきたことも事実である。

したがって、情報システムを開発する場合でも、その実現に向けて先進業界から多くを学ぶ必要がある。

二つのメソドロジー事例の共通点を探る

マーケティング計画、システム開発の二つのメソドロジーを紹介したが、メソドロジーの利用者の立場に立って、両者の共通点を探っていきます。

問題の明確化　電通ＭＡＰシステムは、ステップ１「狙いうる消費者の全体像」で、詳細な作業ステップ、34ステップという膨大な計画作業を用意しています。一般的経済環境、消費市場、社会・文化状況、生産者要件、生産販売動向、流通実態、消費者行動と心理の分析、商品とブランドの分析、購買動機の分析、需要予測、マーケティング目標の明確化など、狙いうる消費者の全体像について実に多岐にわたる検討を行ない、その中からマーケティング販売上の問題点を明らかにしようと迫っています。（実務への適用では、この部分の作業量が多すぎて現場ではかなりの抵抗がありました。）このように、ステップ１で徹底した現状分析を行い問題点を明確にしたうえで、その対策としてステップ２「市場対策の基本方針」とステップ３「マーケットターゲットの確定」を導き出します。しかし、現実には、市場対策の方針やマーケットターゲットの確定を検討しつつ、問題を明確にするという応用動作も必要でした。メソドロジーとしてコンセプトの改善が求められる部分でしたが、変更は行われませんでした。

一方、ＩＳＥＭでは、情報システム部門の独りよがり的な開発ではなく利用部門の真の情報要求を充たす開発を実現するために「フェーズ1　システム検討と評価」があります。フェーズ1は、ユーザー部門での言葉による業務手順と、そこで扱う情報の分析をユーザー主導で行います。これらの分析作業には、現状調査、問題点分析、情報分析結果のレビュー、新システムイメージのレビューが含まれます。検討結果は、最終的に「業務機能関連図」、「概念データベース図」、「システム概念図」など視覚に訴える形式で集約され、利用者側とシステム開発側双方が共通に理解できる「言葉」と「地図」に相当するものとなります。MAPシステムでもMAP（地図）という表現をしており、地図という言葉は、メソドロジーの役割を的確に表現しているように思います。

問題の明確化、は、すべてのプロジェクトで最初に議論されます。この議論がきちんと行われることで、以降の計画・設計の進むべき進路が決定します。したがって、計画・設計の一番最初に行われる「問題設定」には、多くの知恵とエネルギーが集約されなければなりません。

論理（戦略）計画から実施（実行）計画への移行　MAPシステムでは、全体の構想、すなわち戦略立案は、「マーケティングミックス」が担当しています。戦略から戦術への具体化は、「ステップ6　プロモーションミックス」から「個別戦略の課題（の明確化）」において、徐々に現実の市場環境に即した戦術プランを作成するよう導かれます。その後、実施計画である「クリエーティブ」と「媒体ミックス」にはいり、具体的な広告（作品）をそれぞれどの媒体に出稿するか、広告出稿の実行計画を立案します。こうして、マーケティング戦略から論理的に導かれ、マーケティング全体に位置づけられた広告実施計画が作成されるのです。（図5―3）

一方、ＩＳＥＭでは、「フェーズ１　システム検討と設計」、フェーズ２「システム設計」が論理計画部分であり、フェーズ３「サブシステム設計」、フェーズ４―Ⅱ「コンピュータプロセジャー設計」から現実環境を前提とした具体設計に移行します。設計の対象も論理的仕様を表現するものと、現実的仕様を表現するものとに分離されます。論理から現実への移行と展開は決して非連続ではなく、とくにフェーズ３はその転換工程として少しずつ現実的仕様のウエイトが大きくなるように設計手順とアウトプットとが組まれています。

ＭＡＰシステムでは、ステップ６「プロモーションミックス」、ＩＳＥＭではフェーズ３「サブシステム設計」において、戦略から現実対応策、論から実行案へ、段階的に現実仕様のウエイトが大きくなるように工夫されているのが、共通しています。

データベースの重要性　計画立案に、データベースは不可欠です。二つのメソドロジーでは、ともに計画システムとは独立してデータを保管し必要なときに「情報」に加工して計画システムに提供するようになっています。すなわち、業務や計画（プロセス）とデータ（業務や計画の素材）とを分離して、データ管理を集中して行っています。

ＭＡＰシステムでは、データシステムが計画システムの各計画ステップで必要とするデータを供給します。データは、同じ種類のデータであっても計画の異なるステップで異なる処理（分析）のために用いられるので、データシステムは計画システムとは独立した管理マネジメントが必要です。同様に、ＩＳＥＭでも、情報資源管理システム（ＩＲＭ）を独立してもち、システム、データ、組織、修正改善要望、情報要求、プロジェクト自身のリソースなどすべてのデータを管理対象としています。その利用は、基本設計から開発、運用にまで至っています。MAPシステムでは計画に用いるデータのみを管理するだけですが、ISEMはプロジェクトの進捗状況全体を包含している点で優れており、実務への適用という側面で大きなアドバンテージがあると思います。

プロセスとアウトプットの標準化　標準化には、「計画・設計プロセスによってつくられるアウトプットの標準化」と「作業計画・設計手順の標準化」とがあります。後者の標準化は、前者が確立していることが前提となります。標準化とは、「型」です。型を明確にすることによって、計画・設計作業そのものの内容とアウトプットが規定されるので、計画・設計の前後の矛盾や欠陥を発見することができます。同時に、他のメンバーに対して、確実なコミュニケーションができるというメリットがあります。ISEMでは、アウトプットの徹底した標準化として、システム仕様全体に関するアウトプットを、そのモデルを構成する部品（コンポーネント）として管理する方法論を体系化しています。すべての設計情報アウトプットを部品にブレークダウンしてIRM（情報資源管理）ディクショナリが管理しているのです。そこから出力されるレポートによって、設計品質の管理と進捗状況が管理できるので、徹底した標準化が実現するというわけです。

計画・設計の後継者を養成　メソドロジーは、後継者を養成します。MAPシステム、ISEMともに、各計画、設計ステップごとに「やるべきことと、何をアウトプットすべきか」を明確に規定しています。このため、新しく参加したメンバーは、計画・設計に関する体系的な知識を身につけることができるようになります。また、様々な疑問については、直ちにメンバー相互に話し合うことによって解消され、若手にとって新しい知識となります。経験や話し合いの結果がメソドロジー上に位置づけされるので、後継者には体系的な知識として吸収されます。メソドロジー活用による計画・設計業務は、これ自体が後継者の育成に大きな推進力となることを確信しています。

次ページ以降にマーケティングリサーチプランニング（Ｍｒｐ）メソドロジーの適用例として、『「富山のくすり」活性化』を紹介しています。第4章では「ＯＭソーラー住宅」の販売意欲向上、を例としてあげましたが、もう一つ別の例を紹介することによって読者の理解を深めていただこうという狙いです。二つの例を比較することによって、Ｍｒｐメソドロジーの特徴を知っていただければ幸いです。

マーケティングリサーチプランニングメソドロジー（Ｍｒｐ）適用例

「富山のくすり」の活性化

富山のくすりの現状と問題点　「富山のくすり」（配置薬ともいいます。）の現状を知るために、薬日新聞に掲載された経営戦略フォーラムの記事を丁寧に読みました。このように、オープンになっている情報からも、現状と問題点を詳しく知ることができます。

二〇〇三年三月十一日　経営戦略フォーラムの議論要旨（薬日新聞２００３．４．16　臨時増刊より）をみると、はじめに、富山のくすりの販売、メーカーなど関係者パネラーから以下の発言があり、その後議論にはいっています。

「**戦略とは、共通の到達点を認識すること。**」（株）広貫堂塩井保彦社長

戦略とは、その事業に関わる人々や組織が目標とする到達点を共通の認識とすることです。どうすれば配置薬（富山のくすり、を意味しています）が生活者の役にたてるのか、事業ビジョンを明らかにしたい、と思います。生活者に役立つ事業や形態は、生活者にわかり易いもの、受け入れやすいものでなければなりません。たとえば、配置販売業という言葉から、消費者、生活者は具体的なイメージを描けるでしょうか。

配置業は生活者に役立っているか。薬局・薬店は、ドラッグストアへ変身し、服薬指導からヘル

ス&ビューティにその領域を拡大しています。食料品・酒屋はコンビニエンスストアへと業態を変えています。医薬品配置販売業全体は、どのような形態で生活者の役に立つ事業体にならなければいけないか、を議論する必要があります。生活者にわかり易い表現の事業体になり、ブランドの強化を目指し、生活者からの信用や信頼の度合いを高めていく工夫を事業に関わる人々すべての共通の目的としたいと思います。

「メーカーの使命は、配置ならではの商品提供」 第一薬品(株)高崎慎一専務取締役

配置業界の市場から、配置ならではのユニークな製品の多くが消えています。ドラッグストアや薬局で、配置と同じ商品が安く買えるならば、消費者はドラッグストアに流れるのは当然です。配置薬メーカーの使命は、顧客にとって魅力的な商品をコンスタントに提供することです。また、医薬品の販売面では今後いろいろな製品情報と健康情報がいっそう重要となるでしょう。

「配置の命運は、末端配置従事者の質にある」 (株)チトセ薬品田中脩一社長

配置薬業で最も大切なのは「人と人とのつながり」で、「品物を売るよりまず人を売れ」と叩き込まれました。配置の第一線からみても一般消費者の健康志向はものすごく強くなっています。これ自体は追い風だと思いますが、顧客ニーズに対応しようとするその大前提に、実際に顧客を訪問する配置従事者一人一人がお客さんからどういうカタチで信頼を得ているのでしょうか。配置では、

顧客と接する配置従事者一人一人がお客様を大切にするという心をもち続けないといけません。そして、市場性に合った価格設定の商品と、若い世代にあった商品構成、顧客に健康情報を正確に届けるシステムの構築などが必要です。そして、一番大切なのは、やはり若い人たちを含む配置従事者への教育です。

「富山県は熟年世代の受け入れ環境を整えるべき」　個人業者代表　布村善治氏

配置業界に富山県内の人が入ってくる環境をどうつくるかとなると、難しいですね。とくに、若い世代の取り込みは難しいでしょう。むしろ、年配者やある程度の人生経験者の受け入れを考えたほうがよいと思います。富山から出向して、昔ながらのやり方がすこしでも増えていくようにしないと、伝統の配置販売業の中身がまったく違うものになっていくでしょう。

「新たな製販一体システム構築のために意識統一を」　元北陸経済研究所客員研究員　土肥幹夫氏

今日のテーマは経営戦略なので、福井社長が言われたように「どこを目指していくのか」を考える機会だと思います。製品提供、情報提供、教育などの課題は、「どこを目指していくのか」が前提にあって初めて議論が生きてきます。要するに、業界のすべての人達に共通の認識があるかどうか、です。

外から見て分かる業界か　また、この業界は外から見て、良くわからない業界だ、といわれます。

世の中の人達にたいして、よく理解してもらおうと考えてこなかった業界ではないか、と感じています。準備は必要だが、完全主義はやめて、まずトライしてみる必要があります。配置業界では、製販一体、メーカーと販売はクルマの両輪、と古くからいわれてきましたが、これまで製と販の意見交換が十分になされてはいませんでした。今後に向けた、製販一体システム構築のために、いま、意識統一が必要である、と思います。

以降は、議論です。商品戦略、販売戦略、情報戦略そしてクロージングへと議論は続きます。

商品戦略　富山では、富山の置き薬市場のための投入商品として、いま、十一種類の生薬を配合したオリジナルブランドの和漢生薬滋養強壮保健薬の開発を進めています。また、それとは別に既存の「配置ならではの良品の発掘」やそうした既存医薬品の中から配置ならではの優れた製品を富山県が一体となって協働で販売することをもっとすすめなければならない、と考えています。

配置薬ならではの商品　ドラッグストア店頭にも絶対無いような良い処方の医薬品が配置業にもあります。たとえば、この和漢生薬配合の風邪薬、地竜です。甘草エキス末を一日最大量の714mg配合した、この風邪薬は、現時点でドラッグストアには絶対ありません。あるいは、解熱鎮痛剤でいえばなんといってもバファリンが有名ですが、この主要成分は一日量1350mg含有です。ところが、配置市場で一日満量の1500mgの日局アスピリンアルミニウムを含有する置き薬が、昭和四十六年に認可承認を受けており、現在もバリバリの現役商品として存在しています。放っておけば自然消滅しかねませんが、既存の優れた配置生薬商品の洗い出し、見直しを行うことが大切です。

また、大鵬薬品の店舗向け商品ハルンケアがあるが、これは配置市場に古くからある八味丸で、八味丸を飲み易い溶剤にしてミニドリンクに仕立てたものです。効能効果も八味丸は、「老人の冷えを伴う腰痛、手足のしびれ、むくみ、またはかゆみ」というものですが、ハルンケアでは、「軽い尿漏れ、頻尿、残尿感、尿が出渋るなどの症状の緩和を前面に出しています。一日量として、30 mℓのドリンクを食前または食後に二本飲むように、服用し易いドリンクに仕立てています。どのような効能があるか、もわかり易く説明しています。

販売戦略　配置薬メーカーが、新しい医薬品を配置市場に出さないことが見受けられます。それは、これからは配置販売業者のだれに対しても売るということでなく、業者をセレクトしていきたい、という動きです。商品の中で、どの配置販売業者にも売るものと、全国六社か七社に絞り込んで提供するものとがでてきてしまいます。これでよいのでしょうか。成り立つものならば配置薬で勝負していきたい、というメーカーも多いはずです。製販一体で解決策を見出していかねばならないと思います。

配置商品が店舗で売られている　配置とドラッグ店頭との関係だが、配置の主力商品とされていた熊の肝、赤だま、六神丸などがドラッグストアで安売りされている地域では、配置は少なからず打撃を受けています。しかも、今後、医薬品の販売が規制緩和されて、薬品がコンビニ、一般商店、スーパー、ディスカウント店、百円ショップなど、どこでも売られるようになったら、その打撃は計り知れないほど大きいものです。いくら製販一体で振興策を練っても、一部の配置業者やドラッグストアなどが「富山のくすり」の叩き売りをおこなえば、振興策も机上の空論になってしまいます。

情報戦略　参考となる資料は山ほどありますが、しかし、それをそのままに顧客に提供してもなかなか受け取ってくれません。どうしたら受け取ってもらえるかを考え、時には漫画チックに、活字を大きく、独自にパンフをつくっています。「富山のくすりは七種類の生薬が入っているのが、特徴です」「その七種類の生薬は、こういうものです」と視覚に訴える説明をします。インフルエンザウイルスは、A香港型、B型ウイルス、Aソ連型がありますとか、代表的なのはアデノウイルス、コロナウイルスですが、いろいろ二〇〇種類ほどあります、といった資料を作成して説明しています。こうした資料をみせながら、お客さんとどうコミュニケーションをとり、商品をどのようにイメージしてみせるか、という営業をしています。顧客に渡す資料はメーカーカタログや細かい資料のコピーで、客先で説明する資料ではありません。いまは、インターネットなどからいろいろな資料を手軽に検索できるので、これをどういかしていくかが、大事だと思っています。

知恵袋　富山県青年部で、編集した情報紙「知恵袋」を配布しています。わかり易い紙面でクスリや病気のこと以外でも、体に良い料理レシピや富山県の観光スポットなどものっていて、お客さんとの話題も広げられるので、好評です。

セルフメディケーション情報　セルフメディケーション推進協議会でも、キーワードは「セルフメディケーション情報の提供」で、健康情報や医薬情報を如何にお客様に伝えるか、が議論されていました。マツモトキヨシもチェーンストア協会も、会員のホームページからアクセスできるインターネット情報サービスを開始しています。大正製薬の上原社長も、「生活者が知りたい情報をタイムリーに個別に、わかり易い表現でどう伝えるかが、いちばん重要だ」といっています。

配置は情報が疎（おろそ）か　こうしてみると、かえって配置の第一線では、この情報が疎かになっていると思います。配置従事者が顧客と向き合う中で、顧客の情報ニーズに十分に対応し切れなくなっている、弱体化している、というのが現状です。できれば、富山のくすり、のコマーシャルをテレビ、雑誌、新聞などで強化してほしいと思います。テレビコマーシャルを長くやっていると、その商品や販社がブランド化して安心して使用するようになるからです。

クロージングに向けて　ここまでの議論は、メーカー、販売側など送り手の立場からの話が多かったが、逆に消費者からの情報をいかに吸い上げるかの問題も重要です。インターネットなどの情報技術を活用して、メーカーと販売が協力してどのように情報を提供するか、顧客に提供する情報とはどんな情報なのか、をつくりあげなければなりません。

製販の緊張関係　また、メーカーと販売の間で、「ぜひ売りたい、と思わせる商品開発をしてほしい」「これだけ売るので、こういう条件で売りたい」という互いに緊張感をもった関係になってきます。本当にやる気のあるところにしか商品を卸さない、という時代がやってきているのではないでしょうか。

配置薬の強みと弱み　配置薬の強み、弱みを見直すことが必要です。強みとは、伝統に支えられた信用、配置先顧客の情報など、今後に活用すべき信用力、経営ノウハウ、情報収集力があることです。原点に戻って、その中でこだわってきたことは何であるかを見なおし、それを磨き上げることによってはじめて顧客により高い付加価値が提供できるのです。

配置販売ビジネスが消費者側にどのように映っているか、という視点が欠けています。消費者調査の結果では、マイナスイメージとして高い、古い、煩（わずらわ）しいの三つがあげられていました。したがって、高くない、古くない、煩わしくない、ということを消費者にアピールしていくことを検討しなければなりません。

業界関係者から提示された「富山のくすり業界」が抱えている問題点　「富山のくすり」販売戦略フォーラムやその他の資料などから、富山のくすり業界が当面している問題点を抽出・整理すると表5―1の通りです。この中には、「富山のくすり業界」不振の原因と考えられるものの他、売上不振の結果生じたと判断されるものも入っています。「富山のくすり業界」再活性化のキーファクターの発見には、これらの多くの問題点の中から原因に関係するものを選定し、充分に検討することが必要です。

表5－1 「富山のくすり」業界が抱えている問題点

分　野	問　題　点
製　　造	• 小規模メーカーが多く、自力でオリジナル製品を開発するのは困難となっている。 • 改正GMP施行で多額の設備資金を消費してしまっている。流通支援の余力がない。 • 複数メーカーが同一機能の製品を製造。少量生産のためコストが高い。 • メーカーの廃業により、ユニークな商品の生産中止が増加。
流　　通	• メーカー販社・専門販売会社・1人帳主の3種類の流通業者が混在し、規模の格差が大きい。売上減への対応策に差がある。 • 現地販売業者（消費地に販売本拠がある）が増加、富山県内の「置き薬」産業の集積度が低下（メーカー＆卸の廃業、販売業者の県外流出etc）。 • 教育不充分の販売員が増加。 • 1人帳主の廃業が目立つ →懸場帳紛失のケースがみられる。 • 「置き薬」販売業者が住居移転客をフォローできない →「置き薬」利用中止客のなかにこの理由がかなり見られる。
販　　売	• 都市部では「置き薬」セールスによる顧客宅訪問のための環境が悪化。　① 共働きで日中は不在の世帯が多い。 　　② マンションの増加で、新規顧客の開拓が難しい。 • 顧客1件当り購入額が減少し､「置き薬」セールスの訪問件数／日（ノルマ）が拡大。そのため､顧客とのコミュニケーション機会が減り、さらに売上が減少を引き起こすという悪循環にある。 • 「置き薬」セールスの提供サービスにあまりメリットを認めない若い世帯においては、セールスと会うのは煩わしい、という感情がみられる。 • 大衆薬の相対的な価格低下（可処分所得対比）と販売構造の変化などにより大衆薬が入手し易い環境から、「置き薬」の重要な購入理由の1つであった、先用後利のメリットが低下。 • これまでの富山独特のユニーク商品が一般薬局ルート（ドラックルート）で販売されている。
販売促進	• 小規模の企業が多いことから、単独でのマスコミ展開は資金的に難しい状況にある。 • 過去の「置き薬」販売では情報提供（ex政治・経済・技術・文化）が、顧客への重要な付加価値サービスの一つであったが、これに代わる魅力的な情報サービスが、現状のセールスでは不足しているケースが多い。
製　　品	• 差別化商品が少ないため、安売りのドラッグチェーンと価格的に競合。 • 風邪薬など同一機能商品の価格が小売店より高い。

「富山のくすり」の活性化マーケティングへの適用例

診断ブロック――問題がどのような性質をもっているか、を知ると同時に、問題をある程度の範囲に限定する

STEP1　クライアントの要望・期待を知る

富山県の基盤産業である「配置薬業界」が、薬局・薬店、ドラッグストア、コンビニなどの競合業態に押されて、近年停滞している。「富山のくすり」産業内部のメーカーと販売、および販社と販売業者の足並みを揃え、関係者が一体となって困難な状況を乗り越えなければならない。消費者に配置システムと配置薬、販売員の特徴を分かり易く表現し、理解と安心を求めることで、「富山のくすり」をブランドとして確立したい。

具体的には、未利用者に対して配置薬の基本的な理解を促し、トライアルへ結びつける。中止者へは、その中止理由を明らかにし対策を実施する。現利用者には、日常から配置薬を利用していただけるように、コミュニケーション活動を徹底する。

富山のくすり（配置薬）業界を活性化することによって、内在する人材問題や組織改革、システム開発、データベース活用など積極的に業務改善を進めたい。

STEP2　商品の需要分析――商品レベルでの消費者の受容実態を知る。他の商品分野との

競合も調べる。

消費者の九十%が、「富山のくすり」を知っており、世帯の約四分の一が配置薬を家に置いている。「富山のくすり」は知っているが、その内容については理解が及んでいない。特に、家庭への配置薬の便利性、安心、代金の回収システムなど「富山のくすり」の長所が十分に理解されていない。このため、薬局・薬店、ドラッグストアなど競合する業態に押されている。また、今は利用していない家庭の五十%が、かつて配置薬を利用していた。「配置員がこなくなった、引越ししたら配置薬が来なくなった」などへの対策が必要である。また、利用中止の真の理由が明確にされていない。また、配置薬が家にあることはあるが、利用時には薬局やドラッグストアに行く家庭も多い。この理由も明らかでない。他の業界同様、後継者不足でせっかくの「通い張」がうまく活用できていない。

STEP3　ブランド競争分析――ブランドレベルでの競争実態について、消費者の評価とその理由を調べる。

まず、業界内で、「富山のくすり」という表現を含めたブランドへの認識が低い。したがって、消費者への働きかけも様々な呼称で行われているのが現状である。これでは、競合する他の業態に打ち勝つことはできない。業界が一体となって、マーケティング活動を推進して初めて、他の業態との競争の土俵に上がることができる。

「富山のくすり」は、昔からの顧客に寄りかかって販売を維持してきた。都市部を中心に、新しい家庭、引越ししてきた家庭のニーズは、薬局・薬店、ドラッグストア、コンビニなどへ吸収されつつある。「富山のくすり」からの情報発信、販売促進が消費者に届いていないからである。インターネットを介しての健康相談、問い合わせなど情報提供サービスの面でも遅れをとっている。

問題解決ブロック——目標を設定し、問題解決方向を探り、解決に役立つ課題を明確にする

STEP 4　期待と目標の明確化

「富山のくすり」を活性化するために、成功物語が必要である。このため、実効が目に見えて期待できる「現顧客への販売促進」を強化する。なお、現在利用していない世帯のうち、五十%はかつて富山のくすりを利用していた。したがって、現顧客のこれ以上の脱落を防ぐとともに、現顧客の「富山のくすり」継続を維持することを目標とする。なお、「富山のくすり」というネーミングを、業界全体で統一して、活用することは云うまでもない。

STEP 5　阻害要因と促進要因の分析——商品市場、企業、ブランド、消費者、販売流通、プロモーション・広告の六つのマーケティング活動ごとに、阻害要因と促進要因を調べる。（表5—2参照）

表5－2 「富山のくすり」問題解決の阻害要因と促進要因

	阻害要因（の除去）	促進要因（の強化）
商品市場の動向	家庭薬市場は、病院処方が伸びてきたこともあって停滞している。競争は激しく、配置薬は薬局・薬店、ドラッグストア、コンビニなどに押されている。	停滞している家庭薬市場とはいえ、大きな市場のどの部分をとるのか、戦略的発想が必要である。特に、配置員がフェースツーフェースで顧客に接する優位性で、厳しい競争に打ち勝つ機会がある。
企業（配置薬業界）	メーカー、販売業社、配置販売員および関連組織が一体となっていない。マーケティング活動の中心組織がない。消費者から見て、送り手の存在が明確でない。	マーケティング活動を推進する組織を設置する。情報発信は、すべてこの組織から統一して行うことで、消費者からの見え方をはっきりさせる。また、情報センターを発足させくすりの知識と手当て、健康相談、苦情などの受付と情報提供の双方向コミュニケーションを行う。また、メーカーと販売業者とのコミュニケーションにも活用する。
ブランドの競争上の立場	富山のくすりの知名度は高いが、配置薬サービスのメリットが浸透していない。 配置薬は価格が高いことへの説得ができていない。 強力な新商品の開発が待たれている。 配置薬を改良した新製品が、薬品メーカーから販売されている。	富山のくすり、というブランドを醸成する。富山のクスリが、消費者に何を約束できるか、を明確にする。 現在、強力な新商品を開発中で、来年には発売できそう。 現在の配置薬の中にも安定して売れている商品が幾つかある。
消費者	現在利用している家庭は、以前から配置薬を利用していた。 利用していない家庭の50％は、かつて配置薬を利用者していた。 中止理由が曖昧で明確でない。 配置薬を置いていても、薬局やドラッグストアにくすりを買いにいく人が多い。 配置薬サービスの便利性、安心、メリットが理解されていない。	富山のくすり、という知名度（富山とくすりの結びつきが強い）は高い。 現利用者が、家庭にある配置薬を適切に利用できるように、継続して利用するように働きかける。現利用者にとって、いま障害になっていること、これから障害になりそうなこと、新規の利用者は何が決め手であったのか、中止者はどんな理由で中止したのか、何を変えれば継続できたのか、を明確にする。
販売流通	富山のくすりはサービス業という認識が業界内外ともに低い。 都市部を中心に、他の業態との競争が激しく配置薬は押され気味である。 配置員がこなくなった等、販売ルートが弱体化している。 配置員が、顧客の相談、情報提供の面で困難になってきている。	フェースツーフェースの販売メリットを最大限に発揮できる対策をたてる。 顧客情報を整理し、データベース化することによって、販売の効率化、新規顧客の獲得を狙う。 販社と配置員との棲み分けを指導する。 消費者からの健康相談、クスリの情報提供ができる配置員を育成する。

STEP6　問題解決ストーリーを描く——阻害要因と促進要因を検討し問題解決の方向を探り、問題解決ストーリーを描く。（表5—3）

表5－3　「富山のくすり」問題解決への目標ストーリー

・現在の状態	・目標とする状態
ここ数年、売り上げと顧客数が減少している。	業界が一体となって、顧客対策を立案し、売上目標を達成する。

課題解決の方向と効果的な対策

「富山のくすり」ネーミングの統一を行い業界内部の活性化を図ることによって、顧客数の減少を止め売り上げを達成する。

① 富山のくすりネーミング統一

② 現顧客が利用中止しないように働きかけ、顧客数の減少を止める。

③ 現顧客の、客単価を増やすことで、売り上げ目標を達成する。

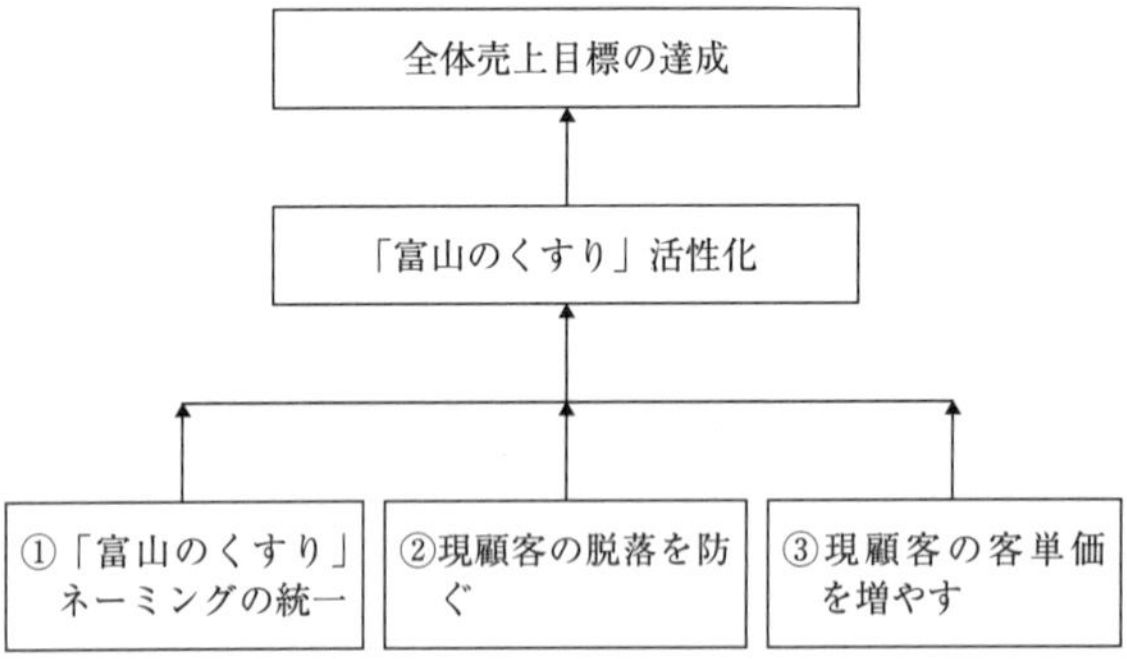

・課題解決へのストーリー

消費者から信頼や親近感が得られるように、統一した「富山のくすり」ネーミング、カラー、ロゴマークを使用する。売上目標を達成するために、現顧客の日常ニーズと障害になっていることを正確に調査し、これに基づく「顧客満足達成キャンペーン」を実施する。

業界全体で実施後の評価を共有し、さらに一体化を推進する。統一ブランドは必須であり、メーカー間、販売業者間で対立しているときではない。組織として対処していくことが、内部的に必要である。その中から、「情報センターの活用」という対策も生まれてくる。

今回は、「富山のくすり」の問題解決を、消費者対策からアプローチします。一般に、消費者対策は、以下の3通りがあります。

A　新しい顧客を獲得する。

B　現顧客の客単価（一世帯あたりの消費金額）を増やす。

C　現顧客の利用中止を防ぐ。

今回、このすべてを実行することは、マーケティングパワーが分散するので、すでに取引がある現顧客に対する作戦に集中することがよい、と思います。新規顧客の獲得は、富山のクスリ、にとって最大のマーケティング課題です。それこそ業界が一致して十分な準備を行った後、「富山のくすり」ブランドの向上キャンペーンとして展開すべきでしょう。

したがって、現顧客への対策は以下の2点に集約します。

B　現顧客の客単価（一世帯あたりの消費金額）を増やす。

C　現顧客の利用中止を防ぐ。

STEP7　問題解決ストーリーに工夫を加える。

――上記の課題の調査、対策立案、実施と評価に並行して、業界の情報活動を促進する機能を――

もつ「情報センターの開設」を準備します。情報センターは、顧客とメーカー、業界販社、販売員を結びつける働きを行うとともに、業界内部の相互のコミュニケーションをも円滑に進める重要な役割を果たします。

情報センターの活動が実績を持つようになると、業界関係者、顧客、一般の消費者の目が、「富山のくすり　情報センター」に集まるようになります。

調査企画ブロック――問題解決ストーリーに役立つ調査課題と具体的な要因について、調査を企画する

STEP8　調査課題の明確化（表5―4）

課題解決の方向にもとづく、阻害要因の背景、除去するための条件、そして促進要因の強化条件について、これらを明らかにする調査課題と内容を検討する。調査課題は、重要度の順番に二～三項目に限定し、課題を構成する具体的な内容（調査項目や質問文レベルで捉えられるとよい）を設定する。

STEP9　調査実施計画の確定――調査課題と具体的な内容を明らかにするための、調査実施計画を検討する。調査対象者とその条件、調査実施方法、調査結果の分析方法、調査結果から想定できる提案内容について、確定する。（表5―5）

表5－4 「富山のくすり」調査課題の内容

	調査課題	調査課題を構成する具体的な内容
A	利用中止者の利用中止理由 （消費者調査）	富山の薬は、どのように映っているか 利用中止の理由は何か、そして何故そうなったのか。 何故販売員がこなくなったか。 今は、家庭薬をどうしているか。配置薬と比べてどうか。
B	現利用者の利用実態 （消費者調査）	富山のくすりは、どのように映っているか。 利用の実態。家庭に配置薬があっても利用しないのはなぜか。 いま、障害となっているものは何か。 今後、要望したいもの。
C	販売員の販売実態 （販売員グループインタビュー調査）	販売体制や販売システム上の障害は？解決して欲しいことは、何か（悩みを聞く）。 利用中止者の中止理由 顧客への情報提供対策として必要なこと。 新商品への期待。

(注)　調査課題Cは、A，B２つのマーケティング課題を販売側から、その実態や問題点を把握するために行う。

表5－5 「富山のくすり」調査実施計画

	調査課題A 利用中止者の中止理由	調査課題B 現利用者の利用実態	調査課題C 販売員の販売実態
1．調査対象者とその条件	（この1年間の） 利用中止者5人	現利用者6人×２組（首都圏、富山市）	販売員４～５名 （富山市）
2．調査実施方法	デティールドインタビュー調査	グループインタビュー調査	グループインタビュー調査
3．調査結果の分析方法	５人のケース分析	定性分析	定性分析
4．調査結果からの提案内容	利用中止理由とその対策	「顧客活性化と客単価向上」の対策	販売支援策の提案

表5－6 「富山のくすり」調査企画書

1	調査オリエンテーションの確認（とくに、クライアントからの指示、期待、条件など） 配置薬業界が競合する業態に押されて、近年停滞している。このため、「富山のくすり」活性化のために、「富山のくすり」ブランドの強化とともに、販売減少を防ぐマーケティング対策を実施したい。
2	マーケティング上の目標と課題解決の方向 富山のくすりの活性化のために、具体的な成功物語を獲得する（業界の皆さんに報告できる内容である）。したがって、解決の目標は、①現顧客の利用促進を図り、②脱落を防ぐ、の二点である。
3	調査課題と明らかにすべき具体的内容 調査課題Ａ　利用中止者の中止理由 調査課題Ｂ　現利用者の利用実態 調査課題Ｃ　販売員の販売実態 （調査すべき内容については、「調査課題の明確化」から計画書として作成する。）
4	調査実施計画 ・調査対象者とその条件 ・調査実施方法 ・調査結果の分析方法 ・「調査結果からの提案内容」について、計画書として作成する。
5	調査スケジュールと費用 ・調査スケジュールと調査費用について、計画書として作成する。

STEP10　調査企画書の作成（表5—6）

プレゼンテーションブロック

STEP11　調査企画プレゼンテーション

問題解決ストーリーをベースに、クライアントの要望・期待に応えるプレゼンテーションストーリーを作成する。（内容は省略します。）

跋　企画設計メソドロジーのこと

㈱プライド取締役創業者
㈱システムフロンティア
代表取締役会長
松　平　和　也

二〇〇七年問題

このたび、企画設計のメソドロジー（方法論）の有用性、必要性について本格的に取り組んだ著作が出版されると聞いて、私は深い関心をもちました。

いま、二〇〇七年問題といって、技術の伝え方、技術の伝承が話題になっています。これは団塊世代社員の大量退職により引き起こされる「もの造りの技術が失われる」という問題です。技術とか技能の伝承は、企業の重要な経営課題であり、日本が生き残りをかける技術立国としての政策課題でもあります。

今日、団塊の世代が大量に定年退職する事態を迎えて、官庁、自治体、企業、大学、研究機関、自営業などすべての分野で遅まきながら「技術技能の伝承」への取り組みが始まっています。既に、自動車や製鉄など「ものづくり」の世界では、いち早く組織的な対応が見られます。たとえば、IT（インフォメーションテクノロジー、情報技術）を適用してノウハウの蓄積整理をしている例があります。例を挙げますと、製鉄現場でのベテラン社員のヘルメットに小型音声認識装置を組み込み会話や指示を記録、操業データは携帯情報端末に電子ペンで入力、ミクロの世界の精度を追求するために金型が発する超音波をデジタルデータとしてキャッチし不具合発生を予測する等々。

しかし、マーケティング、教育、編集、建築設計、システム開発、地域開発などの企画開発分野では、技術伝承のための顕著な動きが殆んど見られません。二十一世紀は、知価社会を迎え情報、知識、企画といったソフトが重要な役割をもつといわれているのに、極めて残念なことです。企画や設計のノウハウを次世代に受け継ぐ、これは二十一世紀の重要なテーマです。

著者は、三十数年間電通に勤務し、マーケティングプランニング経験を重ねて、様々なプロジェクトを通して「企画とは何か」を追求してきました。現役在職中、企画ノウハウを次世代に残せなくて残念であった、と語っていました。

私は、著者とは分野が少し違い情報システムのコンサルティングに従事してきました。一九七〇年には電子計算機の効率的活用に関するノウハウを米国から導入しました。これはソフトウエアパッケージの日本国への輸入ということがからんだため、時の通産省電子政策課の認可が必要でした。結果、ソフトウエア輸入認可第一号になったのですが、この技術導入は国産電子計算機メーカーの妨害に会い失敗しました。利用者の立場に立って高価な電子計算機を効率的に活用しようとするノウハウなど商売の邪魔だということでした。そこで次に、一九七五年にシステム開発のメソドロジーである米国技術の「ＰＲＩＤＥ―ＩＳＥＭ」というパッケージを日本市場に導入しましたが、このビジネスでも挫折感を味わいました。日本ではノウハウに金を出して買うという商習慣が無かったのです。それからは苦心惨憺の三十年でした。この間、日本の大手企業三〇〇社にこのシステムを導入し、二万人を超えるシステム技術者の教育をしてきましたが、いまこそ、どのように情報システム開発ノウハウを次世代に伝えるか、大量の情報技術者育成をどのようにしなければいけないか、という課題に真正面から取り組むべきだ、と思っています。

難しい問題設定

私は、長年の新事業の企画立ち上げ、不況企業の建て直しのコンサルティングの経験から、コンサルタントとして解決すべき問題は何か、経営問題をどのように捉えるか、を常に重視してきました。何が問題なのか、問題をどのように設定するのか、それによって、事業の企画や建て直しの成否が決定してしまうことを痛感しています。なぜ、問題解決の視点、切り口がぽっと浮かんでくるのか、説明できないことがあります。この捉えようの無い難しい問題を著者は正面から果敢に挑戦しています。そして、「解決できる問題を設定する」というフレーズは、いささか謎めいた言葉ですが、実務では全くその通りという実感をもっています。コンサルタントやプランナーは、この謎めいたフレーズが何を語っているか、徹底して考える価値があると思います。

また、コンサルタントや企画の名人、達人は、人々が惹き付けられる魅力ある着想をして、問題設定をします。このわざはコンサルタントやプランナーなら誰でも容易に真似できるというものではありません。暗黙知とでもいえるものでしょう。したがって、この「わざ」を他者に伝える、あるいは次世代に伝承することは、至難の業といわれています。とはいっても、何とか「わざ」の一部分でも、次世代へ伝えたいと願っているのは、私だけではありません。

そこで、著者は、コンサルティングや企画における「わざ」の伝承の秘密を、日本の古典芸能にヒントを求めました。日本の古典芸能は、数百年にわたって芸能の至高の「わざ」を今日まで脈々と伝えています。伝統芸能はどのようにして、名人の芸を伝承してきたのでしょうか。この切り口は、読者の興味を深くひきつけるでしょう。

システム開発のメソドロジー

私が三十年前に日本に持ち込んだコンピュータシステム開発のメソドロジー「PRIDE－ISEM」は、一九七四年米国で初めて知ったものです。開発者である、ミルト・ブライス氏は、デュポン社のエンジニアリング部門の元技術者でした。デュポン社というのは、そのころ原子力発電所とか水力発電所なども設計建設できるエンジニアリング企業で、ブライス氏は化学工場設計建設に携わっていました。デュポン社が商用機世界第一号の電子計算機UNIVAC Iを工場に導入したのは一九五四年のことです。もともとIE（インダストリアルエンジニアリング、生産技術）技師であったプライス氏は、この電子計算機導入のメンバーとして選抜されたのでした。その化学工場建設では、まず全体構想を計画し詳細設計から建設、さらに完成後の工場維持管理・保守保全と拡張工事までを含む計画を立てます。そこで、プライス氏は、この化学工場建設の体験を生かそうと思ったのです。化学工場建設と同じように情報システムの開発を考えてみてはどうか、工場建設の方法論が情報システムに通じるのではないか、というすばらしい発想によって、「ＰＲＩＤＥ—ＩＳＥＭ」の原型が世界有数の企業で誕生し、活用され磨かれたのでした。

そのころ、日本でも一九六七年にはＭＩＳ（マネジメントインフォメーションシステム）視察団が米国に出されその報告がＭＩＳブームを生み出しました。それから紆余曲折はありながらも、日本企業の電子計算機の導入は相次ぎシステム開発は花盛りになりました。コンピュータメーカーがそれぞれシステム開発のやり方を導入し顧客に指導しましたが、メソドロジーを教えたメーカーはありませんでした。一九七二年に独立しメソドロジーのパッケージということで商品化されたＰＲＩＤＥ—ＩＳＥＭは、その構想、コンセプト、手法技法いずれをとっても優れており、ＧＥ社や国防総省などの利用実績もありました。私はこれを何とかして日本に導入したいと思いました。ミルト・プライスは、日本の若造に簡単にうなずくことはしませんでしたが、遠い日本からやってきた若者に関心を持ってくれました。日本の大手コンサルタント企業からプライス氏へ販売権を獲得したいという声も掛かっていたようですが、私の熱意と若さに日本での販売権を破格の条件で許可してくれたのです。

一方で、この商品が優れてはいても日本に定着できるかどうか、不安でした。とくに、メソドロジーというものへの理解が得られるかどうか、が最大の障壁でした。国産機メーカーの「一円入札」が堂々とまかり通る世の中でした。ソフトウエア自体が電子計算機を買ったときに付いてくるおまけ的存在でしたので、メソドロジーに関心をもってもらうことはきわめて難しいことでありました。この点は、今でも、日本の多くのSE（システムズエンジニア）や企業人に十分に理解されているとは思えません。しかしPRIDE—ISEMはこの三十数年、継続して日本の顧客を獲得し続けています。

伝統芸能と企画設計

著者は、企画設計と伝統芸能の共通点を探りつつ、第一章で以下のように述べています。

「伝統芸能は、芸の伝承に際して「型」を重視しています。師は「型」によって教え、弟子は「型」を通して学びます。弟子は、型を真似するところから始めて、型が自分のものになるように稽古修業します。型が自分のものになってきたら、学んだ型に捉われることなく自分自身にふさわしい型を創意工夫します。自分で工夫するほかに、その道の名人、達人の芸を見て学び、感じたものを自分の型に組み入れようとします。この結果、弟子が最初に学んだ型は、新しい型へと成長し発展します。」

型というものは、融通無碍というか自在で、「型は、型であって型ではない」というわけです。

伝統芸能における型に相当するものが、企画設計のメソドロジーではないか、というのが著者の目の付け所です。確かに、システム開発分野では、日進月歩で常に新しい技術や技法を取り入れる必要があります。インターネットの進展も目を見張るものがあります。一方でPRIDE―ISEMという方法論は、これらの新しい技法、技術を組み入れながら、現実の要求に応えて現在まで発展してきました。また、現実の実務経験から得られた知見、技術、生産性向上のための工夫なども、PRIDE―ISEMに加えてきました。こうした私の実感からも、メソドロジーは、企画設計の「型」であるというのは納得できます。

メソドロジー開発を歓迎します

私は、コンピュータシステムの開発分野だけでなく、新製品開発、新事業開発にも、PRIDE―ISEMのコンセプトを応用したことがありますので、多様な企画設計分野でメソドロジーが開発されるのは大歓迎です。むしろ、この取組みはもっと早くに実行されるべきものだったといえましょう。今日、どのような問題も多くの要因が複雑に絡み合っていますから、問題を正しく理解することは容易ではありません。さらに、問題の解決は一層難しくなっています。教育制度や学校でのいじめ、少子化問題、子育て環境の整備など、いずれをとっても、一筋縄では行きません。こうした問題には、メソドロジーの開発によって、問題を広く深く、その背景から検討し、問題設定を行う必要があります。

そして、この本がきっかけになって、企画設計ノウハウの他者への移転、伝承についての議論が深まることを期待しています。

終わりに筆者と私の長い付き合いの始まりは慶応義塾大学工学部管理工学科のＩＥ研究会の一年先輩後輩という関係でした。学生時代作業分析とか工場実習で苦労した仲間であったことを付言しておきます。

二〇〇七年三月

参考図書

加藤与五郎『創造の原点』（共立出版　一九四二年）
池田諭『松下村塾――近代日本を作った教育（広済堂出版　一九六五年）
中山正和『カンの構造――発想をうながすもの』（中央公論社　一九六八年）
川喜多二郎『パーティー学――人の創造性を開発する法』（社会思想社　一九六九年）
世阿弥編　川瀬一馬校注『花伝書（風姿花伝）』（講談社　一九七二年）
板坂元『考える技術・書く技術』（講談社　一九七三年）
中森昌三『能の知恵――花伝書を現代に』（玉川大学出版部　一九七六年）
西山松之助『日本思想体系六一　近代芸道論』（岩波書店　一九七七年）
立花隆『「知」のソフトウエア』（講談社　一九八四年）
ラッセル L. エイコフ　川瀬武志　辻新六（共訳）『問題解決のアート』（建帛社　一九八四年）
佐藤允一『問題構造学入門――知恵の方法を考える』（ダイヤモンド社　一九八四年）
Σシステム研究会『ソフトウエア・イノベーション――始動！Σシステムがビジネスを変える』（ダイアモンド社　一九八八年）
石井威望　餌取章男『技術社会の「かたち」を演出する――システム工学が演出する』（三田出版会　一九八九年）
春風亭柳昇『寄席花伝書―人間社会の道しるべ』（青也コミュニケーションズ　一九九〇年）

社団法人情報処理開発協会『情報システムの計画と設計』（倍風館　一九九一年）
童門冬二『私塾の研究――日本を変革した原点』（ＰＨＰ研究所　一九九三年）
小林康夫　船曳建夫（編）『知の技法』（東京大学出版会　一九九四年）
笠原幸雄　創立90周年記念出版『技術、日本の今後を探る　伸ばそう創造　はばたけ未来へ』（社団法人発明協会　一九九四年）
安斉紘司『オープンシステム　メソドロジー――組み立て、組換え技術』（工業調査会　一九九四年）
小林康夫　船曳建夫（編）『知の論理』（東京大学出版会　一九九五年）
古川薫『松下村塾』（新潮社　一九九五年）
伊東誼『生産文化論』（日科技連出版社　一九九七年）
深川征司『問題解決の思考法』（日本実業出版社　一九九七年）
紺野登『知識資産の経営――企業を変える第5の資源』（日本経済新聞社　一九九八）
滝谷敬一郎『「見えない問題」解決法』（日本経済新聞社　一九九八年）
野中郁次郎　紺野登『知識経営のすすめ――ナレッジマネジメントとその時代』（筑摩書房　一九九九）
畑村洋太郎『失敗学のすすめ』（講談社　二〇〇〇年）
斉藤孝『身体感覚を取り戻す――腰・ハラ文化の再生』（日本放送出版協会　二〇〇〇年）
福島真人『暗黙知の解剖――認知と社会のインターフェース』（金子書房　二〇〇一年）

工藤恒夫　永田仁『ワークシートで学ぶ実践マーケティング』（東洋経済新報社　二〇〇一年）
上野裕子『技術移転最前線』（工業調査会　二〇〇一年）
海保博之『くたばれマニュアル』（新曜社　二〇〇二年）
エティエンヌ・ウエンガー、リチャード・マグダーモット、ウイリアム・M・スナイダー　野村恭彦（監修）『コミュニティ・オブ・プラクティス』（翔泳社　二〇〇二年）
竹内誠『世襲について　芸術・芸能編』（日本実業出版社　二〇〇二年）
杉山公造　永田晃　下嶋篤　亀岡秋男（編著）北陸先端科学技術大学院大学知識科学研究科（監修）『ナレッジサイエンス――知を再編する64のキーワード』（紀伊國屋書店　二〇〇二年）
小泉明正　高嶋健夫（編）『ウエブメソッド革命――伸びる会社のＩＴ戦略』（日経ＢＰ企画　二〇〇二年）
吉田博『問題の整理と解決の方法』（産能大学出版部　二〇〇二年）
ＨＲインスティテュート　野口吉昭（編）『コンセプト思考のノウハウ・ドウハウ』（ＰＨＰ研究所　二〇〇二年）
D. A. ノーマン　佐伯、胖監訳『人を賢くする道具――ソフトテクノロジーの心理学』（新曜社　二〇〇三年）
畑村洋太郎『創造学のすすめ』（講談社　二〇〇三年）
光森忠勝『伝統芸能に学ぶ――躾と父親』（恒文社　二〇〇三年）

落語立川流一門『談志が死んだ――立川流派はだれが継ぐ』（講談社　二〇〇三年）
馬場あき子『古典を読む風姿花伝』（岩波書店　二〇〇三年）
林望『すらすら読める風姿花伝』（講談社　二〇〇三年）
井上正和『SEのための実践ノート』（同友館　二〇〇三年）
島崎稔　島崎美代子『島崎稔・美代子著作集　第十巻　能楽社会の構造』（礼文出版　二〇〇四年）
大前研一『仕事が10倍楽しくなる――大前流問題解決法ヨリ』（経営管理者育成プログラム事務局　ビジネス・ブレークスルー社　二〇〇四年）
秋田喜代美　恒吉僚子　佐藤学編『教育研究のメソドロジー――学校参加型マインドへのいざない』（東京大学出版会　二〇〇五年）
甲斐荘正晃『インナーブランディング――成功企業の社員意識はいかにしてつくられるか』（中央経済社　二〇〇五年）
若松義人『なぜトヨタは人を育てるのがうまいのか』（PHP研究所　二〇〇六年）
唐津一『日本のものづくりは世界一　マスコミにもの申す』（PHP研究所　二〇〇六年）

あとがき

四十年も前から長谷川芳郎氏は企画設計の「わざ」に深い関心をもっておられました。いわば、この本は、長谷川氏の企画への熱い思いが筆者を執筆へと動かしたのです。電通MAPシステムも、その当時の長谷川研究開発部長の発想と指導によって開発されたことを思うと、企画というもののの大切さと魅力を啓蒙したいと長谷川氏は常々考えておられたように思います。長谷川氏の熱い思いのすべては無理にしても、その一部でもこの本で表現できたら感無量であります。

仕事の暗黙知、伝統芸能、メソドロジーと、どれをとっても難しいテーマに取り組んだ故か、筆者の能力不足もあって原稿ができるまでなんと四年の歳月を必要としました。その間、もうすぐできるなど、と知人友人に吹聴したので、やっと目的地にたどり着いたことを報告でき、肩の力がほっと抜ける思いです。この長い間、励ましとヒントを絶えず与えてくださった園田榮治師匠と同僚であった村井謙介君に心から感謝します。また、中高生時代からの親友、鈴木弘一君、塚田勝君には原稿のチェックと修正、意見交換、参考情報の提供などの強力な協力をいただきました。最後に、不平不満をいう筆者をなだめ、いつも元気を注入してくださった日外アソシエーツ（株）の朝日崇氏に深く感謝します。

二〇〇七年三月

柴田亮介

著者略歴

柴田 亮介（しばた・りょうすけ）

1943年東京都生まれ。1966年慶応義塾大学工学部管理工学科卒業、同年4月株式会社電通入社　マーケティング局調査部へ配属。以降、研究開発部、マーケティングディレクター、情報センター部長、マーケティング企画部長を経て1992年マーケティング統括局　局次長、1998年電通リサーチ 専務取締役、2003年電通定年退社。現在は、フリーのマーケティングプランナー。

著書:

『電通情報センター―組織における戦略的情報活用』1993.3　電通

『情報システムと情報技術事典』共著　2003〜05年　培風館

『情報センターの時代 ― 新しいビジネス支援』共著　2005.1　日外アソシエーツ

ビジネス技術 わざの伝承

ものづくりからマーケティングまで

2007年5月25日　第1刷発行

著　者／柴田亮介
発行者／大高利夫
発　行／日外アソシエーツ株式会社
〒143-8550 東京都大田区大森北 1-23-8 第3下川ビル
電話 (03)3763-5241(代表)　FAX(03)3764-0845
URL　http://www.nichigai.co.jp/

組版処理／有限会社デジタル工房
印刷・製本／大日本印刷株式会社

ISBN978-4-8169-2045-5　Printed in Japan,2007